대한민국임시정부의 초대 국무총리
이동휘

대한민국임시정부의 초대 국무총리 이동휘

| 김방 지음 |

글을 시작하며

1876년 문호개방 이후 한민족의 중심과제는 반제反帝·반봉건反封建의 문제로 일관되어 왔다. 이후 1905년 을사조약乙巳條約 강제 체결로 국권이 박탈되고 반식민지화 되어 가자 한민족의 관심은 일제로부터의 국권회복에 집중되었다. 이 시기에 전개된 국권회복운동은 애국계몽운동과 의병투쟁의 양면에서 전개되었다. 그러나 1910년 경술국치 이후 국권회복운동이 철저하게 탄압을 받게 되자 국내에서의 항일투쟁에 한계를 느낀 독립운동가들은 만주·노령 등지로 망명하였다.

이후 이들은 재만在滿·재로在露한인사회韓人社會를 기반으로 독립운동 근거지를 조성함과 동시에 무관학교를 설립하여 독립군을 양성한 후 일제가 중일전쟁 내지 러일전쟁 혹은 미일전쟁을 감행할 때 그 시기를 노려 일제와 전면적인 독립전쟁을 일으키려 하였다. 그러나 1917년 러시아혁명의 영향으로 1920년대 이후 민족해방운동은 민족주의 계열과 사회주의 계열로 나뉘게 되었다.

이 글에서 살피고자 하는 이동휘李東輝는 국권피탈 직전에는 국권회복을 위한 계몽운동에 혼신의 힘을 기울였고, 일제강점 이후에는 만주·노령 지역으로 망명하여 항일투쟁을 전개하였으며, 러시아혁명 이후에는 볼셰비키와 손을 잡고 사회주의 사상도 수용한 급진적인 항일독립운동가 중의 한 사람이었다. 그는 조선 후기 지방 하급관리로부터 시작하여 대한제국 무관이 된 후, 직업군인으로 계몽운동을 전개하였고 기독교도를 거쳐 정치가로서 독립운동의 한 방편으로 사회주의운동에도 투신한 다채로운 생애를 보낸 사람으로, 1920년대 민족해방운동에 있어서 사회주의 계열을 대표하는 인물이 되었다.

그러나 지금까지 이동휘는 다른 저명한 항일독립운동가들에 비해 일방적으로 과소평가되거나 왜곡되게 평가되어 왔다. 그것은 첫째, 남북한의 분단과 냉전의 전개로 인한 이데올로기적 편견의 문제이다. 이에 따라 이동휘와 같은 이른바 '좌익' 항일독립운동가는 남한에서 언급조차 하기 힘든 인물로 기피되었고, 북한 역시 김일성의 우상화 작업 속에서 초기 사회주의운동에 대한 부정적 인식(종파성, 분파주의)에 근거하여 이동휘와 같은 초기 인물에 대해서는 거의 의미를 부여하지 않았다. 냉전 해체 전 러시아 학계 역시 북한의 이러한 인식을 벗어나지 않는 것이 일반적이었다.

둘째, 이러한 정치적 상황이 연구자 및 연구 내용에 미친 영향으로서 1차 자료 확보에 어려움을 가져왔으며, 이동휘에 대한 올바른 연구와 평가가 심하게 왜곡되는 결과를 초래하였다. 이는 주로 좌파적 항일투쟁 노선을 반대했던 인물이나, 이동휘에 적대적이었던 이르쿠츠크파 공산주의자들에 의한 왜곡된 소문과 기록들에 의해 조장된 측면이 강하다. 이에 따라 이동휘는 공산주의의 기본도 이해하지 못한 인물 또는 러시아 공산주의자들에게 이용당한 인물로 이해되거나, 나아가서는 상해 임시정부의 활동을 부진하게 한 당사자이자 자금 횡령자로서, 또 상해·이르쿠츠크파 파쟁의 장본인으로서 인식되는 측면이 있어 왔던 것이다.

하지만 이동휘는 한말 이래 전개된 민족해방운동 과정에서 항상 당대의 시대적 과제 해결을 위해 자신을 변화시키면서 전 생애를 민족독립운동에 바쳤던 보기 드문 실천적 항일독립운동가였다. 따라서 이동휘의 일생을 체계적으로 재조명하고 그가 걸어간 사상과 활동의 궤적을 추적하는 작업은 각 단계의 항일민족운동이 갖는 성과와 한계를 살펴보는 계기가 될 수 있으며, 이는 전반적인 항일민족운동의 체계화에 기여하는 하나의 좋은 방도가 된다.

또한 일제강점기 민족주의·사회주의 계열의 민족해방운동에 있어서 제1차적 공동 목표는 일제의 타도라는 반제국주의 투쟁으로 일관되었다. 하지만 해방 후 사회주의 계열에 가담했다는 이데올로기적 편견 때문에 이동휘를 비롯한 사회주의 계열 민족운동가들은 민족해방운동 선상에서 평가절하 되어 있는 것이 사실이다. 그러나 일제강점기에 있어서 사회주의 계열의 민족해방운동은 이데올로기적 이념운동이 아니라 일제의 타도라는 항일독립운동의 성격을 가진다. 따라서 이 시기 사회주의 계열 민족운동가들의 항일행적은 마땅히 재평가되어야 한다고 생각한다.

2014년 12월

김 방

차례

01 함경남도 단천 빈농 출신의 호걸

아버지의 영향

19세기 중엽 조선사회는 봉건체제의 해체 과정에서 제기된 반봉건의 요구에 더하여 제국주의 침략세력의 서세동점西勢東漸 위기 속에서 새로운 전환을 강요받고 있었다. 이러한 국내외 정세 속에서 이동휘李東輝는 1873년 6월 20일 함경남도 단천군 파도면 대성리에서 아전을 지내다 농사를 짓고 있던 이승교李承橋의 아들로 태어났다. 본관은 해빈海濱이고 아호는 성재誠齋이다.

　그의 아버지 이승교는 단천군의 아전이었는데, 1910년 일제가 한국을 강점·식민지화하자 만주·노령 등지로 망명하여 이발李勃로 통칭하면서 항일독립운동을 전개하였던 인물이다. 그는 일찍이 경술국치 이전부터 독립협회와 서북학회 등 애국계몽운동 단체에 참여하여 애국계몽운동을 전개하였다. 그리고 1919년에는 북간도에서 46세 이상 된 남녀노인을 대상으로 노인단老人團이라는 항일단체를 조직하였다.

그리고 같은 해 5월 윤여옥·정지윤·차대경·안태순 등 7명의 노인단원과 함께 경성 종로 보신각 앞에서 과감한 시위운동을 주도하였고, 단원 21명의 서명을 첨부하여 일본정부에 독립요구서를 발송하였다. 나아가 같은 해 8월 29일에는 블라디보스토크에서 국치 9주년을 맞이하여 재로동포在露同胞들에게 "우리는 한시도 국치의 고통을 잊어서는 안 되며 내년 이 날은 치욕에서 벗어나는 독립의 날이 될 수 있도록 더욱 분발하자."는 요지의 항일연설을 하기도 하였다.

이승교

또 1920년 2월 23일 블라디보스토크에서 항일독립운동 단체들이 대표자회의를 개최하여 3·1독립선언 1주년 기념식을 거행키로 하였을 때, 이승교는 기념식대회장으로 선출되어 집집마다 태극기를 게양케 하고 항일연극을 공연하여 동포들의 항일의식을 고취하였다. 그리고 신한촌新韓村에서 항일시위를 주도하고 강우규·김치보·정재관·강한택·오영선·김구하·이강 등과 밀접한 관계를 가지면서 노령 지역 대표적 항일독립운동가의 한 사람으로 활약하였다.

그 후 이승교는 아들 이동휘가 만주·노령 지역과 상해 대한민국임시정부에서 항일독립운동에 투신하자 격려와 지원을 아끼지 않았다. 특히

이동휘의 가족사진

그는 이동휘가 상해 대한민국임시정부 국무총리 재임 시 레닌의 모스크바 자금 횡령 관계로 곤경에 처해 있을 때 도움을 주었다고 한다.

이승교는 이동휘의 아명을 '독립獨立'이라고 지어주고, 어려서부터 준수한 모습을 보인 자기 아들의 교육에 심혈을 기울였다. 그리하여 이동휘는 1880년(8세) 향리의 사설 서당인 대성재大成齋에 들어가 한문을 익혔다. 같은 해 어머니가 병으로 사망하여 아버지 이승교의 영향하에 성장하였으며, 이동휘는 농사일에 종사하면서 아전이었던 아버지로부터 아전이 되기 위해 필요한 예의와 법도를 배웠다.

1889년(17세) 청년기에 접어든 이동휘는 아버지의 주선으로 단천군 네해진에 사는 은장이 수공업자 딸인 강정혜(18세)와 결혼하였다. 이후 이동휘는 장녀 이인순李仁楯·차녀 이의순李義楯·삼녀 이경순李敬楯과 아들 이영일李英一 등 1남 3녀를 두었다. 이동휘는 자신의 추종자이며 동지였던 정창빈과 오영선을 첫째와 둘째 사위로 맞아들였으며 인순과 의순은 북간도와 연해주에서 아버지를 도와 교육운동과 여성 독립운동에 헌신하였다. 이와 같이 이동휘의 집안은 항일독립운동가 집안이었다.

1890년(18세) 이동휘는 아버지의 뒤를 이어 벼슬길에 나아가 하급관리인 통인通引으로 발탁되어 단천읍으로 이사하였다.

이승교는 당시 일정한 학식을 소유한 사람이었다. 그러나 빈궁한 농민으로 출세할 길이 막혀 있었고 그가 소유한 학식을 발휘할 기회마저도 박탈당한 상태에 있었다. 이에 따라 그는 당시의 불평등한 신분구조에 불만을 갖고 있었고 봉건사회의 개혁을 갈망하고 있었다.

부인 강정혜와 아들 이영일

따라서 이동휘가 일찍부터 개화에 관심을 가지고 사회의식에 눈을 뜨게 되는 계기 중의 하나는 이와 같은 아버지의 사상적 영향을 많이 받았음을 추정할 수 있다. 동시에 통인 생활을 통하여 이동휘는 지방행정의 최말단에서 제반 행정실무를 익힘으로써 좀 더 현실주의적인 감각을 갖춰 나갔을 것이다.

군수의 온갖 심부름과 시중을 드는 잡역직인 통인이 된 이동휘는 단천군수인 홍종후洪鍾厚가 주색을 일삼고 탐재 행위와 폭정을 자행하는 악행을 목도하였다. 그리고 부자 양반들은 돈을 주고 벼슬을 사서 관직에 취임도 하지만 돈 없는 농민들과 평민들은 아무리 유식하고 인격이 탁월하여도 출세의 길이 없고 천대와 압박 속에서 고통받고 있는 것을 친히 목격·체험하였다.

통인으로 근무한 지 5년 후인 1895년(23세) 단천군수 홍종후는 자기 생일을 맞이하여 행정관리·양반지주를 비롯 읍내의 소문난 기생들과 명창들을 불러 술을 마시며 춤을 추고 노는 잔치를 베풀었다. 술에 만취한 홍종후는 딸 같은 기생을 무릎 위에 앉히고 억지로 술을 마시게 하며 추행과 만행을 감행한 후, 술상 옆의 청동화로에서 술안주로 굽던 갈비 한쪽을 집어다가 싫다는 기생의 입에 밀어 넣었다. 이 광경을 보던 이동휘는 더 이상 참을 수가 없었다. 이동휘는 자기도 모르게 쏜살같이 뛰어서 술상 옆에 놓인 갈비를 굽던 청동화로를 들어 홍종후의 얼굴에 씌어 놓았다. 그리고 재빨리 담을 넘은 후 어두워진 거리에서 사라져 버렸다.

통인 이동휘를 속히 잡아들이라는 홍종후의 명령은 벼락같았으나 대죄를 범하고 달아난 이동휘의 종적은 알 수도 없고 찾을 수도 없었다. 여기에서 우리는 이동휘가 불의를 참지 못하고 실천을 앞세우는 반항적이고 대담한 성격이었음을 알 수 있다.

1895년 단천군에도 개화의 새 사상을 가진 새 군수 이계선李啓善이 부임하였다. 당시 함경도 지방의 잦은 민란으로 인하여 왕족인 이계선이 조선정부의 배려로 부임하였다. 이계선은 부임한 지 얼마 되지 않아 이동휘라는 통인이 군수의 생일잔칫날 군수의 머리에 청동화로를 씌어 놓고 달아났는데, 그의 종적을 알 수가 없고 또 이동휘라는 통인은 아직 나이는 비록 어리나 남아다운 용모를 지녔고 체격이 튼튼하며 혈기가 왕성한 청년이라는 말을 들었다. 이계선은 잠깐 생각한 후에 다음과 같은 방문을 써서 몇 곳에 붙여 놓으라고 명령하였다. "대죄를 감행한 이동휘는 엄형을 염려하지 말고 사회개혁사상을 가진 새 군수가 부임하였으니 서슴지 말고 새 군수 앞에 출현하라."는 것이었다.

청년 무관 시절

움 속에 숨어서 생활하던 이동휘는 이 방이 붙은 다음 날 새 군수 이계선 앞에 출현하였다. 이동휘를 대면한 이계선은 이동휘의 강직함을 인정하고 죄를 묻지 않았다. 그리고 이동휘에게 앞으로 행동을 잘하면 뒤를 돌보아 주고 이계선 자신이 서울로 상경하면 부르겠다고 약속하였다. 이후 단천군수 이계선은 조선정부의 중요 직책으로 영전되어 상경한 뒤에 약속한 대로 이동휘를 서울로 불러들였다. 이때 이승교는 이동휘의 독립이란 아명을 '동휘'라고 고쳐 지어 주었다고 한다.

1896년 이동휘는 "꼭 반듯이 뛰어난 인물이 되어 이 나라를 구하여 볼 것이다." 하고 맹서한 후 서울로 올라왔다. 상경한 이동휘는 전 단천군수 이계선의 집에서 심부름을 하면서 식객으로 머물렀다. 같은 해 1월 중순 육군무관학교가 무관후보생의 모집 광고를 내는 등 개교를 준비하고 있었다. 그러나 정식 무관학교제가 반포된 지 한 달 만에 발생한 아관파천俄館播遷으로 유야무야된 채 원래 계획안의 일본인 교관 대신에 군사 교련단장 푸치아타 대령 등 몇 명의 러시아 장교들에 의해 운영되고 있던 사관양성소에서 30여 명의 사관과 천여 명의 병졸들이 러시아식으로 훈련을 받았다. 이에 이동휘는 고향의 선배이며 전에 단천부사를 역임하고 당시 궁내부 고관으로 있던 이용익李容翊을 찾아갔다.

이동휘는 이용익에게 육군무관학교에 넣어 줄 것을 간청하여,

1896년(24세) 광무개혁光武改革의 일환으로 새로 개교한 사관연성소에 입학하였다. 20대 중반의 만학도가 된 이동휘는 한학과는 이질적인 산술·기하·대수·무기학 등 신사상과 근대적 군사기술을 습득하면서 학창 시절을 보내게 되었다.

1897년(25세) 3월 21일 목영석睦永錫 등 13명의 동기생과 한성무관학교를 졸업 후 참위參尉(소위)로 임관한 이동휘는 궁전진위대의 근위장교에 보임되었다. 그는 왕권 호위의 최강군인 궁전진위대에서 왕궁인 창덕궁과 경복궁의 수비에 정성을 다하는 나날을 보냈다. 특히 궁전진위대의 열병식 때 이동휘의 우렁찬 목소리를 좋아한 고종황제가 열병식 보고를 이동휘에게 하도록 명령하였다고 한다. 그리하여 이동휘의 열병식을 보기 위하여 황실귀족 및 고관들이 궁전진위대에 몰려왔으며 황태자는 이동휘에게 어린 말을 하사하였다고 한다. 따라서 이동휘는 궁전진위대의 참위 시절 왕실의 신임을 얻었던 것으로 보인다.

반면에 이동휘는 술 때문에 두 번 직위 해제를 당하기도 하였다. 참위와 부위 시절 말술을 짊어지고 가지는 못해도 배 속에 넣고 갈 만큼 애주가였던 이동휘가 술을 마시고 영내에 들어와 해괴망측한 행동을 했다는 이유로 징계를 받은 것이다. 징계 이후 이동휘는 술을 끊고 군대생활에 충실하게 되었다.

1899년(27세) 7월 25일 원수부元帥府 군무국원軍務局員에 임명되었고, 11월 8일에는 부위副尉(중위)로 승진하였다. 이어 1900년(28세) 12월 8일 정위正尉(대위)로 승진하였다.

당시 원수부 군무국원은 군부의 요직으로 민영환閔泳煥이 회계총장으

이동휘의 군문동지

로 근무하고 있었는데, 이동휘는 민영환의 사설 서당에서 그의 훈도를
받고 민족·국가를 논하며 애국심을 열성적으로 다져 나갔다. 그리고 이
갑·노백린·유동열 등 일본육군사관학교 출신들이 귀국하여 군에 혁신
적인 분위기가 팽배해지고 있었는데, 그는 이들과의 교류도 늦추지 않
았다.

　이동휘는 또 원수부 군무국에서 당번무관으로 근무하는 동안에도 애
국계몽운동에 적극 참여하여 활동하였다. 그는 국민개병·국민개학이라
는 표어를 내걸고 서울 각 지역 야학강습소를 돌아다니면서 선전·선동
활동을 전개하였다. 그리고 전주지방대대 검찰관으로 잠시 근무할 때는
전라도 각 지역을 돌아다니면서 국민의 의무병역과 의무교육이 보국안

민(保國安民)의 유일한 길이라고 국민들을 계몽하였다.

1901년(29세) 참령參領(소령)으로 승진한 이동휘는 지방진위대의 재정을 검사하는 검사관으로 임명되었다. 검사관의 임무를 수행하기 위하여 평양진위대의 재정을 조사하였는데, 이때 평양진위대의 대대장이 공금 횡령한 사실이 발각될 것을 두려워하여 뇌물을 제의하였다. 이에 이동휘가 뇌물 제의를 단호히 거절하고 평양진위대 대대장을 처벌하자 이동휘의 명성이 전국 각지에 널리 알려졌다. 이후 각 지방 진위대의 대대장들이 이동휘를 두려워하였다고 한다.

이 사건 이후 이동휘는 조정의 결정에 의하여 경상도·충청도·전라도를 검사하는 삼남검사관三南檢查官으로 또다시 임명되었다.

삼남검사관 이동휘는 2명의 수행원을 데리고 처음 충청도 옥천군에 당도하였다. 검사관 이동휘는 즉시 옥에 갇힌 죄인들을 검사하여 보았는데 그중 다수는 지방관리들의 악행에 의하여 희생된 평민들과 농민들이었다. 이동휘는 그들을 즉시 무죄로 석방하는 동시에 이 군에서 제일 악독한 지방관리를 불렀다. 그리고 지방관리에게 과거의 모든 악행을 거짓 없이 자백하라고 명령을 내렸으나 지방관리는 자기의 모든 악행을 부인하고 평민들과 농민들을 도와준 현관이라고 자칭하였다.

이동휘 검사관은 자기 가슴에 걸려 있던 망원경을 벗어 들고 지방관리에게 보이며 이 망원경은 몇십 리 밖을 바라보면 그곳 산천이 눈앞에 와서 보이고 사람의 마음도 들여다보면 그의 모든 과거의 행적과 지금 어떠한 생각을 가지고 있다는 것도 잘 알아내는 신기한 물건이라고 설명한 후, 망원경을 눈에 붙이고 엄숙하게 지방관리를 들여다보았다. 지방관리는 이 망원경을 처음 보았고 또 검사관이 한 말을 믿었다. 겁을 집어먹은 지방관리는 과거 자기의 모든 악행을 고백하였다고 한다.

이동휘는 삼남검사관으로 약 6개월간 근무하면서 부정부패에 관련된 경상·전라·충청 등 삼남 지방의 군수 14명을 파직하였고, 50만 냥의 엽전을 압수하여 국왕에게 바쳤다. 이동휘는 고종이 3만 냥의 하사금을 내렸으나 이를 완강히 사양하였다고 한다.

이동휘가 삼남검사관으로 전북 이리에 갔을 때, 그는 병졸을 거느리고 행차하는 도중, 소를 몰고 지나가는 농부에게 돌연 큰 소리로 "소를 놓고 가라!" 하고 고함쳤다. 질겁한 농부가 그만 소를 놓고 달아나자 병졸을 시켜 농부를 잡아오게 한 뒤 볼기를 치면서 "어찌 위세 있는 자가 소를 달라기로서니 자기 소를 그대로 빼앗기느냐." 하고 훈계했다는 것이다. 이것은 당시 착취만 당하고 살고 있던 민중의 생활상을 잘 알고 있던 이동휘의 애민愛民사상을 엿보게 해 준다.

이동휘는 1903년(31세) 5월 강화도 진위대장으로 임명되어 강화도에 부임하였다. 강화도 진위대는 수도인 서울에 이르는 접근로를 방어하는 데 불가결한 전략적 요지로서 최고의 군대가 유지되어야만 하였다. 따라서 1900년 6월 29일자로 지방대가 진위대로 확대·개편되면서 300명에 불과하던 주둔 병력이 700명으로 증강되었다. 이 같이 중요한 위치에 이동휘가 임명될 수 있었던 것은 당시 이동휘의 후원자요 군부대신이면서 고종의 막강한 신임을 받고 있던 이용익의 영향력 때문이 아닌가 추정된다.

이때 처음으로 이동휘는 단천의 가족들과 같이 지내게 된다. 부친 이

강화진위대

승교는 출판사인 보성관에 취직이 되어서 서울에 남고 부인 강정혜와 첫째 딸 이인순과 둘째 딸이의순이 강화도로 내려와 이동휘와 같이 생활하게 되었다. 이동휘는 강화도 진위대장으로 부임한 지 1년 뒤인 1904년 5월 종2품으로 승진하였다. 그 해에 강화도에서 동학 계열의 의병들이 의병운동을 전개하자 이동휘는 진위대원들을 이끌고 이들을 토벌하였다. 따라서 이 당시까지만 해도 이동휘는 봉건적 근왕주의적 태도를 보였던 것으로 보인다.

강화도 진위대장으로 부임한 이동휘는 전임 진위대장 윤철규가 부정부패로 30만 냥을 횡령하고, 정규군 700명 중에서 500명만 두고 200명의 요식비를 착취하였다는 것을 알게 되었다. 그리고 윤철규는 정부에서 검열관이 온다고 하면 200명의 농민청년들을 강제 동원하여 복장을 입혀서 정규군에 복무케 하고 6개월 이상씩이나 집에 돌려보내지 않는 등 폭정을 일삼아 왔다는 것이다. 이에 이동휘는 이러한 진상을 규명하고자 하였다.

이러한 사실이 알려질 것을 두려워한 윤철규는 강화부윤으로 전보된 후 자신의 치적 내용을 『황성신문皇城新聞』에 게재하고 이동휘를 '러시아 간첩'이라고 모함하였다. 그리고 강화도에서 학회를 조직하여 민중계몽운동을 전개하려고 하던 이동휘에 대하여 주민들을 선동하여 민중계몽운동 반대운동을 전개하였다. 이에 이동휘가 1903년 12월 5일 밤 "이렇게 백성의 피를 착취하여 국가를 망치는 놈은 일분일초인들 살려둘 수 없다."고 윤철규의 무고를 항의하기 위해 부하 4명을 이끌고 윤철규를 방문하자, 기세에 눌린 윤철규는 자기 부인의 옷을 머리에 뒤집어쓰고 황급히 서울로 도망하였다.

그러나 윤철규는 이후 다시 강화도로 내려와 이동휘가 병졸들을 이끌고 문짝을 파괴하고, 총과 검으로 자기를 죽이려는 중죄를 저질렀다고 주장하며 서울로 압송, 사형에 처할 것을 건의하였다. 이에 이동휘는 자신의 결백을 주장하는 보고서를 군부에 올리고 유·무죄의 판명을 요청하였다. 1905년 1월 초 재판 결과 이동휘와 윤철규는 석방하고 이동휘의 부하 4명을 처벌하는 것으로 종결되었다. 그러자 이동휘는 "4명은 나의 부하로 나의 명령을 따랐을 뿐" 죄가 없으므로 석방하라고 요구하였다.

강화도 진위대장을 역임하였던 윤철규는 고종황제 등 왕실과 밀접한 관계를 유지하면서 군부대신도 능가할 정치적 영향력을 가졌던 인물로 이동휘가 강화도 진위대장으로 부임하자 강화도 부윤으로 자리를 옮겼다. 윤철규가 강화도 부윤으로 자리를 옮긴 이유는 청렴 강직한 것으로 널리 알려진 이동휘에 의해서 자신의 부정부패와 학정이 알려질 것을 두려워하여 중앙정부에 청탁을 전개한 결과였다.

그러나 결국 윤철규의 공금횡령사건을 규명하고자 한 이동휘의 노력은 실패로 끝나고 말았다. 이동휘의 부정부패 척결 시도의 좌절은 중앙정부에 대한 기대감의 상실을 가져왔으며, 이로 인해 이동휘는 1905년 3월 3일자로 강화도 진위대장직을 사임하였다.

이동휘가 강화도 진위대장을 사임한 이유는 대략 세가지로 요약할 수 있다.

첫째는 윤철규사건에서 보여 준 중앙정부의 태도에 대한 불만의 표시로 보인다.

둘째는 1905년 2월 일제의 압력에 의하여 한국군이 축소 개편된 것에 대한 항의 표시로 보인다. 일제의 군대 축소 개편으로 강화도 진위대는 50명 규모의 분견대로 축소되었다.

셋째는 러일전쟁에서 승기를 잡은 일제가 조선정부에서 그 영향력을 증대한 데에 따른 반감으로 보인다.

이때의 좌절감은 단순한 관리의 부정부패 차원이 아닌 중앙정부의 무능과 직결되어 있었다. 따라서 이동휘의 이후 행보는 이전의 행동양식과는 커다란 차이를 낳게 되었다.

구국운동을 전개하다 02

계몽단체 활동

이동휘의 무관 시절을 살필 때 주의하지 않으면 안 되는 사실 중 하나는
그가 현직 무관에 있으면서도 계몽단체에 적극 가입하여 활동하였다는
사실이다. 이는 그가 단순한 왕의 근위군인으로서의 역할에 한정된 활
동을 한 것이 아니라 나름대로 사회개혁에 대한 전망을 갖고 이에 적극
대처해 갔음을 보여 준다.

1902년 이동휘는 원수부 군무국원에 재직할 때, 민영환·이준·이용
익 등이 중심이 되어 비밀결사체인 개혁당改革黨을 조직하자 솔선하여 이
당에 가입하였다. 개혁당은 1902년 일제가 영일동맹을 맺어 한국 침략
의 기틀을 다지자, 대외중립의 표방을 통해 일제의 세력을 배제하고 개
혁정치를 도모하려 하였다.

이들은 우선 병권·경찰권을 장악하기 전까지는 당분간 비밀결사체로
서 조직 강화에 주력하고 적당한 시기가 도래하면 집권내각을 무너뜨리

고 개혁내각을 수립하려고 하였다. 그리하여 이범진·김석환·민병두·김병태·전덕기 등을 영입하고 연락책으로 이상재를 취임시켜 개혁을 추진하였다. 이것은 이들이 당시 지배체제 및 집권 관료세력에 대해 더는 기대를 걸지 않았고, 급격한 방식을 채택해서라도 어떠한 식으로든 체제 자체를 변혁하려 했음을 의미한다. 그런데 이상재가 밀고를 당하여 1902년 2월에 국체 개혁의 음모가 있었다는 죄명으로 구속됨으로써 탄압을 받게 된 개혁당은 해산되고 말았다.

이 사건 이후 이동휘는 1903년 5월 강화도 진위대장으로 부임하게 되었다. 먼저 그는 강화도 진위대를 군기가 엄격한 부대로 육성하였다. 그리고 강화도에서 활동하던 미국인 선교사 벙커A.D. Bunker와 박능일 목사가 겨우 2~3명의 학생만으로 '잠무의숙蠶武義塾'이라는 사설 서당을 운영하고 있음을 보고, 근대적 교육기관으로 확대·발전시킬 필요성을 느껴 그들과 함께 강화 최초의 사립학교인 합일학교合一學校를 설립하였다. 이때 이동휘는 최초로 선교사와 접촉하게 되는데, 이 접촉은 그가 본격적으로 계몽운동을 대중적으로 펼쳐 나가는 하나의 계기가 되었다.

1904년 5월 일제가 대한시설강령對韓施設綱領을 통해 본격적인 식민지화 정책을 추진하였다. 그 일환으로 일제는 대한시설강령을 근거로 일본인에게 전국 13도의 관·민 소유의 황무지 개간권을 허가하여 반강제적 토지점탈을 강행하였다. 그러자 이에 반대하여 대한보안회大韓保安會가 조직되었다.

대한보안회는 이준이 송수만·원세성 등과 조직하여 보국안민의 기치를 내걸고 "황무지는 나라의 귀중한 재부이다.", "나라의 땅을 한 치

합일학교 터

도 남에게 줄 수 없다."는 통문을 전국 각지에 보내어 일제의 토지강탈 정책에 적극적인 반대투쟁을 전개하였다. 그러나 친일파 대신의 간계로 심상훈·이유인이 탈퇴함으로써 대한보안회는 해체되고 말았다.

이준은 대한보안회가 해체되자 그 후신으로 개혁당 출신들을 중심으로 한 대한협동회大韓協同會를 조직하여 진영을 강화하고 일제의 토지침탈 획책에 반대투쟁을 계속하여 전개하였다. 이때 이동휘는 서무부장으로 적극 참여하여 일제의 정책에 대항하였다.

이들의 격렬한 투쟁으로 황무지 허가문건을 일제로부터 반환받게 되어 대한협동회의 명의로 고종에게 반환하기도 하였다. 대한협동회는 그 후 도총재로 바꾸어 민영환·이도재 등을 영입, 조직을 강화하고 일제의 인권유린 실태나 국법침탈 행위 등을 성토하였는데 이동휘는 평의장이란 직책을 맡아 강력한 항일운동을 전개하였다. 이동휘는 이 밖에 친일단체 일진회一進會를 박멸하기 위해 결성된 공진회共進會(1904. 12.)에도 주도적으로 참여하였다.

이러한 일련의 활동에는 개혁당 인사들이 주도적으로 참여하고 있는데, 이는 이들 사이에 비교적 명확한 공감대가 형성되어 있고 그들이 의도하는 개혁의 방향이 일치하였기 때문인 것으로 보인다. 특히 이동휘를 위시한 일련의 혁신 군인들이 군인의 신분을 무릅쓰고 이러한 활동을 전개하였던 것은 이들이 명확한 항일의 논리를 가다듬고 있었기 때문에 가능한 일이었다.

이동휘는 을사조약 항변운동을 통해 기울어져 가는 국운國運을 회생시키려는 강렬한 의사를 표출하였지만 이것은 현실적인 대안이 될 수 없었고 그 자체로 실천적인 힘을 갖는 것은 아니었다. 이동휘의 을사오적 처단 계획 및 자결 계획은 결과적으로 실현되지 않았던 것이다. 이후 이동휘는 계몽단체에 적극적으로 참여하는 한편 교육과 기독교 활동을 펼쳐 나가면서 독립전쟁론獨立戰爭論의 실천체계를 가다듬게 된다.

이동휘는 국권회복을 위한 실력양성의 방법으로 새로운 학문과 현대문화를 수입하는 것이 무엇보다도 중요하다고 생각하고 근대학교 교육과 국민계몽에 역점을 두는 한편, 여러 계몽운동 단체에도 가입하여 민중계몽운동에 실천 활동가로 활약하였다.

강화도에는 종교단체로 기독교 감리교회가 1898년부터 포교를 시작하여 주민들에게 애국애족을 강조하고 신교육운동에 앞장서면서 항일정신을 심어주고 있었다. 이 당시 강화도에는 성공회와 감리교회가 있었는데 신도 수나 전도세력으로 보아 감리교회가 월등하였다고 한다.

1903년 강화도 진위대장으로 부임한 이동휘는 기독교가 서양 근대문명의 근본이라는 판단에서 문명개화를 위해서는 그 근본인 기독교를 수용해야 한다고 생각하여 입교하였다. 또한 후진 제국주의 일본이 기독교국인 영·미에 약점을 가진 것에 주목하여 기독교 세력을 바탕으로 일제에 대항하기 위한 측면도 있었던 것 같다. 이동휘의 기독교 입교는 감리교 전도사인 김우제를 통하여 이루어졌다고 한다. 이후 이동휘는 감리교회 권사로 활동하면서 강화도 주민들을 이끌었다.

강화도 진위대장·감리교회 권사로 지역주민의 명망을 얻고 있던 이동휘는 1906년 대한자강회大韓自强會의 지부를 강화도에 유치하여 지부장을 맡았다. 대한자강회는 1906년 4월 장지연·윤효정 등이 중심이 되어 조직한 단체로, 대한大韓의 자강自强을 위하여 교육을 진작振作하고 식산殖産을 흥기興起하게 하는 데 그 목적을 두었다.

대한자강회 강화지부는 전국 19개 지부 가운데 하나로 지부장인 이동휘 외에는 그 조직을 잘 알 수 없었다. 하지만 대한자강회가 1905년 5월에 발족된 헌정연구회의 후신이고 이동휘와 친분이 있는 이준이 헌정연구회의 중심인물이었던 관계로 이동휘의 영향하에 강화지부는 강화에서 튼튼한 기반을 유지할 수 있었다. 강화지부는 이동휘의 영향으로 주민들에게 시대를 비판하는 안목과 투철한 항일의식을 갖게 해 주었다.

이동휘는 1906년 6월 신채호가 주도한 국문잡지 『가정잡지』 발행에

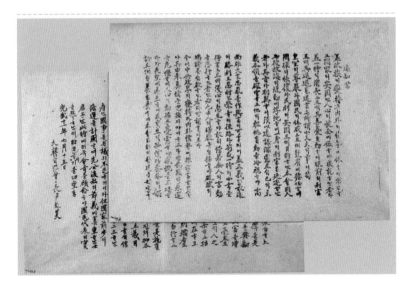

대한자강회 통지서

주시경·장지연·김병연·유일선·유창준·최광옥·안상호 등과 참여하였다. 그는 언론인으로 지면을 제공하면서, 군신·부자의 종속관계 등 유교사회의 생활태도에 예리한 비판의 안목을 가졌는데 이는 무관학교 시절 근대합리주의를 수용하였기 때문인 것으로 보인다.

당시 계몽운동은 정치 활동을 표면에 내세울 수 없는 시대적 상황 때문에 학회라는 명칭으로 추진되었고 민중에 뿌리를 내리기 위해 민중과의 직접적인 접촉이 가능한 지역 단위에서 활동을 전개하였는데, 그 최초의 단체가 서우학회西友學會였다. 서우학회는 청년교육을 통해 인재를 양성하고 중지를 계발하여 국권회복과 인권신장의 기초를 마련하자는데 목적을 두었다.

서우학회는 점차 발전함에 따라 평안도·황해도 이외의 지역으로 서북에 가까운 인사도 입회할 수 있게 하였다. 이에 이동휘는 강화도도 서북에 근접한다 하여 서우학회에 입회함과 동시에 강화도 내 서우학회 지회를 설치하였다. 그리고 전덕기·이원긍·유진호·서상팔 등이 주축이 되어 조직한 국민교육회國民敎育會에도 이갑·현채·유근·유정수 등과 가입하여 지방유학생 지원 및 국민계몽과 애국사상 고취에 주력하였다.

「가정잡지」

1906년 10월 이동휘는 이준·이종호·오상규·유진호·설태희 등 함경도 출신 청년들과 한북흥학회漢北興學會의 결성에 참여하였다. 한북흥학회는 일반 민중들에게 학교설립 등 신교육에의 참여를 촉구하고 계몽 활동을 통하여 민중의 애국심을 고취하여 민력을 양성하는 데 중점을 두었다.

중앙조직이 완비되자 좀 더 활동을 민중 차원에서 활발히 전개하려고 지회·지교설치에 힘을 기울였다. 결성 당시 평의원을 역임하고 1907년 3월 이후 부회장의 직책을 맡은 이동휘는 오상규 등과 지회설립을 독려함과 동시에 이종호와 함경도 각 지역을 돌아다니면서 신교육의 중요성을 강조하고 학교설립을 촉구하였다.

또 당시 대표적 웅변가로 활약한 이동휘는 강화도에서는 물론이고 서우학회의 각 지회, 평안남북도 학교 대운동회 등 함경남북도·평안남북도·황해도 각지를 돌아다니면서 강연을 통한 민중의 계몽에 노력하였다.

1907년 일제가 신문지법·보안법을 제정하여 국권회복운동을 탄압하자 계몽운동은 비밀결사화하기 시작하였는데, 그 결과로 조직된 단체가 신민회新民會였다. 신민회가 비밀결사체로 조직된 이유는 이동휘를 비롯한 창건위원들이 대한자강회·대한협회와 같이 표면적인 단체로는 조선의 계몽운동을 옳게 진행할 수 없으며 이들 단체의 배후에는 일제의 대리인들이 숨어 있다고 판단하였기 때문이다.

신민회는 국권회복과 국가의 자주독립을 최종적 목표로 삼았다. 그 실행방법으로 ① 각 곳에 권유원勸諭員 파견, ② 신문·잡지·서적의 간행, ③ 학교설립, ④ 실업가에 영업방침 지도, ⑤ 실업장實業場 건설 등 민중계몽과 민력양성에 중점을 두었다. 창건위원 이동휘는 평의원 및 함경도 총감의 직책을 맡았는데 학교설립운동에 역점을 두면서 민중계몽운동에 진력하였다.

1907년 이후 일제에 의해 보안법·신문지법이 공포되어 정치 활동 및 언론·출판·집회의 자유가 심한 제한을 받는 등 탄압이 강화되자 관서·관북 지역에서 지역민을 대상으로 민중계몽운동을 전개하던 서우학회·한북흥학회의 주도 인사들은 국권회복운동을 전국적·전국민적 차원으로 확산시키고, 민족의 역량을 결집하기 위해 양 학회를 통합하여 1908년 1월 3일 서북학회西北學會를 창립하였다.

서북학회 설립에 주도적 역할을 하였던 인사들은 이동휘·안창호·이갑·유동열 등이었다. 서북학회 창립총회에서 임시회장으로 선출된 이

서북학회 회관

동휘는 축사를 통해 "국민이 단합되지 못하여 국권을 상실하였다. 서북 인사의 단합은 국가의 독립과 자유를 회복하는 데 기초가 될 것이다."라 고 하면서 민족역량의 결집을 강조하였다.

　창립 당시 임시회장을 맡은 이동휘는 선거위원·평양지회 총대를 역 임하고 같은 해 6월에는 모금위원으로 활약하였다. 이동휘는 1909년 5월까지 함경도 전 지역을 돌아다니면서 서북학회의 지회와 학교설립운 동을 전개하였다. 특히 함경도 영흥에서는 이동휘의 독려로 기존에 있 던 홍명학교에 더하여 50여 개의 학교가 더 설립되었다. 또 이동휘는 모 금위원으로 함경도 각 지역을 돌아다니면서 교육사업을 전개함과 동시 에 항일애국계몽 연설을 하였는데 그의 열변은 청중의 마음을 사로잡았

법정으로 끌려가는 신민회 회원

다고 한다. 이동휘의 이 같은 노력의 결과로 서북학회 지회·지교가 함
경도 지역에 많이 설치되었다.

일제는 1909년 10월 26일 안중근安重根 의사의 이토 히로부미伊藤博文
처단 의거가 일어나자 서북학회 주도 인사인 이동휘·안창호·유동열 등
이 안중근과 관련 혐의가 있다 하여 헌병대에 구금하는 등 서북학회 분
쇄 작전을 추진하였다.

안창호는 개성헌병대에, 이갑·이동휘·유동열은 용산헌병대에 유치
되었다. 이때 이동휘는 신문관에게 "너희가 같은 동양인으로 우리 한국
에서 불법부도不法不道를 행하면 너희 일본인이 잔등에 맞는 서양인의 채

찍 자국에서 구더기를 파내는 것을 내 눈으로 볼 테다."라고 호령하였는데, 후에 이 예언이 맞은 것은 신기한 일이라 하겠다.

1909년 이후 일제의 탄압이 심화되자 이동휘는 민중계몽운동을 통한 국권회복운동의 한계성과 문제점을 인식하고 국외에서 무장투쟁을 통해 국권을 회복할 것을 계획하였다. '선 실력양성 후 독립'에서 '독립우선론'에 중점을 두는 노선으로 전환하였다. 그런데 일제가 1911년 양기탁 등 보안법 위반사건을 날조하여 만든 '105인 사건'에 연루되어 동년 7월 인천 앞바다 대무의도에 유배됨으로써 그의 계획은 좌절되었다. 이때 이동휘의 죄명은 서간도西間島에 무관학교를 설립하고 독립전쟁을 일으켜서 국권을 회복하려고 기도하였다는 혐의였다.

대다수 계몽운동가들이 이러한 시대 상황을 인식하지 못하여 권력지향적인 속성을 가지고 일제와 타협적인 실력양성론을 나타내며 무장투쟁 노선의 의병에 대해 비판적 입장을 취하면서 점진적인 문명개화론을 주장하는 등 '선 실력양성 후 독립'에 입각한 국권회복운동을 계속하여 주장하고 있었다. 이에 반하여 이동휘는 이들과 다른 입장을 보이고 있다. 즉 '선 실력양성 후 독립'의 국권회복운동이 아니라 항일무장투쟁에 의한 '선 독립론'을 내세우고 있는 것이다. 이것은 이동휘가 민족주의에 대한 인식이 심화되고 있으며 시대의 조류에 잘 부흥하고 있음을 단적으로 나타내 준다고 하겠다.

을사조약 강제 체결 항변운동

항일논리를 가다듬는 과정에서 이동휘에게 결정적인 시기가 도래하였다. 그것은 다름 아닌 1905년 11월 17일 을사조약 강제 체결에 의하여 대한제국이 일제의 반식민지로 전락하는 사건이 발생한 것이다. 일본이 대한제국 정부에 을사조약 체결을 강요하고 있던 11월 중순, 강화도에 있던 이동휘는 급히 한성으로 올라와 정세를 주시하던 중 을사조약 강제 체결의 비보를 들었다.

이에 이동휘는 을사오적을 처단하고 자신은 자결하기로 결심한 후에 「유소遺疏」·「참매국공적성죄문斬賣國公賊聲罪文」·「유고이천만동포형제서遺告二千萬同胞兄弟書」·「유고법관제공각하서遺告法官諸公閣下書」·「유고진신소청서遺告縉紳疏廳書」·「유고임공사서遺告林公使書」·「유고장곡천대장서遺告長谷川大將書」 등 8건의 유서遺書를 작성하였다.

먼저 이동휘는 고종에게 보내는 「유소」에서 "신臣은 국방에 대한 대책을 세우지 못하고 공연히 봉록俸祿만 축내고 있었으므로 금년 이후 본직本職의 해임을 간청하며 강도江都로 내려가 교육에 종사하면서 이것으로 만분의 일이라도 국은國恩에 보답하려고" 하였다고 하여, 그간 자신이 처한 상황과 강화도에서의 활동을 간략히 설명하면서 국치國恥를 막지 못한 원통함을 드러내고 있다.

이어서 "폐하께서 외구外寇들에게 견제되어" 차마 오적들에게 형벌을 가하지 못하기 때문에 국가의 수치가 날로 심하고 공분公憤이 다시 격렬해지고 있으니 속히 흉적들을 소탕하라고 촉구하고 있다. 그리고 자신은

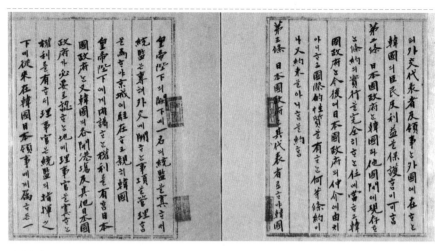

일제의 강압으로 작성된 을사조약문

국가의 체통을 보존하기 위해서 자결의 길을 택하겠다고 다짐하고 있다. 이는 당시 대권大權을 쥐고 있던 고종의 명확한 결단을 촉구하는 것으로, 황제국인 대한제국의 운명과 황제의 운명이 일치되어 있는 조건에서 고종에게 자기의 직분을 다할 것을 청원하는 것이라 할 수 있다.

또한 「참매국공적성죄문」에서 오적들의 죄가 길어져 천지 사이에 용납할 수 없다는 결연한 입장을 내세우고 그들에게 "칼을 받을 것"을 촉구하는 한편, 진신縉紳에게 보내는 「유고」에서는 함께 죽을 힘을 다하여 기울어진 종사宗社를 붙잡고 멸망해가는 생령生靈을 보전할 것을 촉구하고 있다.

그리고 법관法官에게 보내는 「유고」에서는 사법관司法官들의 직무유기를 힐책하고 "흉적들의 행위를 생각할 때에 당연히 저들의 머리를 베어야 한다."고 주장하였다. 이상은 이동휘가 국가의 공직을 맡고 있는 왕과 각 공복公僕들에게 그들의 책임을 다할 것을 촉구하는 것으로 원칙적 입장을 견지하여 오적들의 목을 벨 것을 주장한 것이다.

다음으로 2천만 동포형제에게 보내는 「유고」에서 이동휘는 그의 사상을 표출하고 있다. 여기에서 이동휘는 "동휘가 비록 지혜와 용맹은 없지만 더욱 피가 끓은 지는 10년이 되었다."고 말하였다. 한편으로 "동휘가 일찍부터 종교를 믿었"는데 "내 자신이 생각할 때 이것이 아니면 서로 사랑하는 마음이 없었을 것이며, 이것이 아니면 애국하는 마음이 없었을 것이며, 이것이 아니면 독립할 마음도 없었을 것"이라 하고, "이렇듯 자신을 닦고 강하게 하는 것은 모두 이것에 기인한 것이며 임금에게 충성하고 나라를 사랑하는 것도 이것에 기인하고 독립과 단결을 외치는 것도 이것에 기인하고 학문과 교육도 이것에 기인하였다."고 하여, 그의 사상 형성 과정을 압축적으로 표현하고 있다.

즉 이동휘는 1905년으로부터 10년 전인 1895년경에 "더운 피가 끓었던 것"으로, 이는 바로 단천군에서 지방관의 횡포에 분개하여 말단 행정 단위에서의 부정부패를 몸으로 느낀 것을 의미한다. 이때부터 이동휘는 조선 봉건사회의 모순을 직접 몸으로 느끼면서 현실개혁의 구상을 가다듬어 갔다고 추정할 수 있다. 이는 앞에서 언급한 대로 봉건지방 관료에 대한 저항의 형태로 표출되었고 현실개혁 구상의 실천을 군문軍門에 설정한 이유가 되겠다. 그 이후 그는 무관 시절을 통하여 개혁 구상을 성숙시켜 갔고, 그 일단이 삼남검사관 시절에 표출된 것이라 하겠다. 이러한 그의 실천 모색은 개혁당과 대한협동회 등에 대한 주도적인 참여에서 잘 드러난다.

한편 위의 인용문에서 명확히 표출되듯이 이 시기 전후의 그의 사상과 실천 활동에 지대한 영향을 미친 것은 기독교의 수용이었다. 이동휘 스스로가 말하고 있듯이 그가 기독교에 입교한 것은 "일찍부터", 즉 강화도 진위대장으로 부임하는 1903년 5월 이후부터인 것으로 추정되는데, 이는 앞에서 서술한 바와 같이 감리교 선교사 벙커와 박능일 목사와의 인연에 의한 것이었다.

그는 기독교에 입교하기 전부터 구국과 사회개혁의 방향에 대한 자신의 구상을 실천 속에서 검증해 오던 터였는데, 기독교 입문을 통해 "임금에 대한 충성과 나라 사랑", "독립과 단결" 그리고 "학문과 교육"의 방도를 발견한 것이었다. 이는 당시 많은 지식인과 사회개혁을 열망하는 개혁가들이 걷는 길 중의 하나였다.

또한 위의 유서 가운데 주목되는 것은 이동휘의 대일인식對日認識의 변화 과정을 알 수 있는 유서의 내용이다. 이동휘의 대일인식을 보여주는 유서는 「유고진신소청서」, 「유고임공사서」, 「유고장곡천대장서」이다. 이들 문서에는 한일관계에 대한 이동휘 자신의 인식 변화 과정이 '여론의 변화'라는 형식을 빌려 나타나 있으며, 동아시아 국제관계 및 고종에 대한 인식, 그리고 앞으로의 해결 방향 내지 방도, 한일관계에 대한 전망 등이 드러나 있다.

첫째는 한일관계의 변천에 대한 이동휘의 인식 변화 과정이다. 이동휘는 "그동안 한일 양국이 일찍이 화호和好를 꾀하여 우의를 돈독히 하여 왔는데 이런 것을 항시 흠모하였다."고 하면서, "나라를 걱정하는 사람들은 서방의 세력이 동방으로 들어오는 것을 염려하고 또 황인종과 백인종의 경쟁을 두려워하면서 순치脣齒와 보차輔車의 형세로 인방隣邦을 의지하여 그들이 한결같이 보아 주고 한결같이 사랑으로 대해 주기를 바라고 있다."고 전제하고 있다.

그는 또 일본이 "지난날 일청전쟁이 일어났을 때 우리에게 부식할 기반을 얻었다고 말하고 일로전쟁 때에도 우리에게 발전할 기회를 잡았다고 말하여, 우리나라 사람들은 귀정부(일본정부)에서 한결같은 시각과 사랑으로 대해 주기를 바라고 있었다."고 덧붙이고 있다.

여기에서 보면 이 유서가 죽음을 앞두고 쓰인 것이라는 점, 그리고 정중한 자세를 견지하려는 의도가 있었다는 점을 감안하더라도 앞에서 예를 든 매국적에 대한 성토와는 판이한 자세를 보이고 있는 것을 알 수 있다. 이는 이동휘가 처음에는 일본에 대해 아주 우호적인 자세를 견지하고 있었다는 것을 읽게 해 준다.

이런 상태에서 이동휘에 따르면 당시 여론은 세 번에 걸친 변화 과정을 보여 주었다고 한다. 그것은 첫째 러일전쟁 후 국세局勢가 크게 변하여 일본이 전일前日에 말한 '부식扶植'과 '한결같은 시각 및 사랑'이 침략책동과 약육강식으로 다가오면서이고, 둘째는 한일신조약이 "이익의 교환과 의사의 자유를 본질로 하는 완화緩和와 평등平等의 원칙"에 위배되게 체결되었기 때문이며, 셋째는 국적國賊들이 일본공사를 설득하지 못하고 나라를 그르치는 지경까지 왔지만, "성상聖上이 일본과 수호修好를 상할까 싶어 국적들을 처형하지 못했"기 때문이라는 것이다.

앞에서 서술한 이동휘의 초기 '흠모'를 염두에 둘 때 이러한 '여론의 변화'는 사실은 이동휘 자신의 대일인식 변화를 나타내 주는 것에 다름 아니라고 할 수 있다. 여기에서 주목되는 것 중의 하나는 이동휘의 고종에 대한 인식이다. 즉 이동휘는 이 단계에 와서는 나라의 운명을 좌우하는 위치에 있었던 고종이 매국역적들을 처형하지 못하는 무능을 비판하고 있는 것이다.

이상에서 볼 때 이동휘는 초기의 봉건체제 개혁의 입장에서 대일무비판對日無批判 의식에 머물다가 일제의 침략성이 노골화되어 가자 점차 비판의식을 길러왔으며, 을사조약 강제 체결에 이르러서는 고종에 대한 비판까지 할 정도로 일본의 침략성을 명확히 인식하는 단계에 도달해가고 있었다고 할 수 있다.

따라서 이제 이동휘는 일본이 말하는 '자위自衛'는 한국에서 보면 국권國權을 해치는 것이며, 일본공사의 "한국은 일본에게 신뢰를 얻지 못하고 있다."는 지적에 대해서도 국권을 잃은 처지에 무슨 강한 신뢰가 있겠느냐고 반박하기에 이른다. 그리고 이에서 더 나아가 일본의 정책이 쉽게 실행될 수 없는 요인을 열거하면서 일본에 대한 대결의 자세를 갖추고 있다.

한국에서 일본의 정책이 쉽게 실행될 수 없는 것은 첫째, 한국이 비록 쇠퇴하였으나 4천 년 동안 군주국가君主國家를 유지한 이후 이미 자치법自治法이 있고 백성들도 아직 정치政治와 교화敎化에 젖어 있으며 신하들도 나라를 위해 순절할 뜻이 있기 때문이며, 둘째, 한일 두 나라는 3백 년 동안 구적仇敵으로 여기어 밖으로는 3분 좋은 것 같지만 안으로는 7분 서로 의심하고 있기 때문이며, 셋째, 열방列邦과의 관계는 이것을 중심으로 하고 있어 어떤 이해利害가 한 나라에 돌아가지 않을 것이기 때문이라는 것이다.

이와 병행하여 동아시아 국제관계에 대한 인식도 초기의 황색인종과 백색인종의 대결구도에서 설정되는 범아세아주의적凡亞細亞主義的 관점에서 "제공각하諸公閣下께서 종사宗社를 붙잡고 거의 멸망해 가는 우리의 생령生靈을 보전해 주신다면 대한大韓과 동아東亞가 매우 다행스러울 것"이라는 '완화와 평등의 방식'으로 변화되어 갔다.

이러한 인식의 변화 과정 속에서 이동휘는 을사조약 강제 체결하 한일관계의 장래 전망과 앞으로의 해결 방향 내지 방도를 어떻게 인식하고 있었을까? 이 문제는 이후 이동휘의 행동 방향과 관련하여 매우 주목되는 것이 아닐 수 없다. 이 문제에 대해 이동휘는 아직까지 확고한 행동 방향을 결정한 것은 아니었다.

이 당시 이동휘가 생각한 해결 방향은 먼저 일본에 대해 '선진국'으로서의 일본의 책임을 묻고 "작은 일에 집착하지 큰 일을 잃지 않고 또 자국自國에는 후하고 타국他國에는 박대하지 말 것"을 요청하는 데 머무는 것이었다. "그리하여 그 광명정대光明正大한 의의와 한결같이 보고 사랑하는 정의로 부식扶植하고 유지維持하게 하여 그 인도人道를 존중하고 그 우의를 소중하게 여기어 우리 양국의 안전책을 도모한다면 천하天下가 다행스러울 것"이라는 전망을 낳고 있다.

이것은 일본에 대한 비판적 의식을 분명히 획득해 가면서도 당시 스스로의 역량이 너무 저열한 데서 오는 자괴감과 저항수단의 미비에서 오는 한계를 표출한 것이었다. 이는 "흉도凶徒들의 머리를 베어 신인神人

의 울분을 씻을 수만 있다면 동휘의 뜻은 이루어질 것입니다. 그러나 살아서 무엇하겠습니까."라는 탄식에서도 엿볼 수 있다.

교육과 종교 활동

계몽단체 활동을 통한 이동휘의 국권회복운동과 더불어 이 시기 이동휘가 가장 심혈을 기울인 것은 교육 및 종교 활동이었다. 그는 기독교인으로서 기독교를 매개로 각종 학교를 세우고 기독교를 전파하는 한편, 교육을 통한 계몽으로 민중을 국권회복운동에 동원하고자 하였다. 이동휘에게 있어 교육과 기독교 활동은 불가분의 관계에 있는 것으로서 항상 병존하고 병행하는 표리적 성격을 이루고 있었다. 우리는 그의 교육 및 기독교 활동을 통하여 그가 이 시기에 갖고 있었던 목적과 사상의 성격을 살필 수 있다.

이동휘의 국권회복운동 기본방략은 국민을 애국주의와 신지식으로 계몽하여 사회구습을 개혁하고 민족산업을 일으킨다는 민중계몽운동과 청소년을 국권회복을 위한 민족간부로 육성하여 내부실력을 기른 이후 독립을 쟁취한다는 교육구국운동이었다.

1903년 강화도 진위대장으로 부임하여 합일학교를 설립하는 등 근대학교 교육에도 관심을 가졌던 이동휘는 1904년 그의 영향을 받은 윤명삼·유경근 등과 보창학교를 설립하였다.

학교 재정은 보창학교장 이동휘가 강화학무회를 조직하여 조달하였는데, 여기에 이동휘의 후원자이며 당시 내장원경內藏院卿이던 이용익의 후원금과 영친왕英親王의 하사금(5천 원) 등으로 학교 재정 기반이 확립되었다. 이리하여 강화도에서는 이동휘를 한낱 인간으로 알기보다는 절대적인 능력과 수완을 겸비한 위인으로 떠받들게 되었다.

보창학교는 1907년 봄에 이르러서는 학생 수가 수백 명에 달하여 소학·중학·고등 3과로 나누어서 가르쳤다. 또 교명을 육영학교育英學校라 개칭하였는데 영친왕이 친필로 '육영학교영왕구세서育英學校英王九歲書'라는 사액賜額까지 내렸다고 한다. 보창학교는 1908년 2월 소학교를 중학교로 개편하여 개교하였다. 이때 이동휘의 혈성血誠을 많은 사람들이 감격하였다고 한다. 또한 강화군 내에 21개의 소학교급 지교를 설립하여 관할하였고 그것을 기반으로 강화군 일대에서 의무교육을 확대 실시하려고 하였다.

강화도의 16개면 114개동을 56개 구역으로 나누어 보창학교 지교 21개소와 진명進明·계명啓明·창화昌華·공화共和 등 4개교 이외에 31개교를 증설하여 학령에 달한 아동은 해당구역 내의 학교에 의무적으로 입학하게 하였다.

이동휘는 보창학교를 모델로 하여 전국 각지에 개성보창학교開成普昌學校, 김천보창학교金川普昌學校, 장단보창학교長湍普昌學校, 풍덕보창학교豊德普昌學校, 안악보창학교安岳普昌學校, 호흥보창학교湖興普昌學校, 함흥보창학교咸興普昌學校 등의 자매학교를 설립하였다.

한편 이동휘는 안창호·윤치호 등과 함께 개성에는 한영서원韓英書院·영창학교英昌學校, 평양에는 대성학교大成學校, 원산에는 원흥학교源興學校·보광학교普光學校를 설립하여 각 학교마다 명예 학감직으로 있으면서 성원하였다.

강화도에는 보창학교 이외에도 선원학교仙原學校 · 은창학교恩昌學校 · 화성학교華城學校 · 진명학교進明學校 등 1촌 1교운동으로 학교를 설립하였다. 또한 이동휘는 학교설립을 위하여 전국 각지를 순회하면서 교육계몽 강연을 하였는데, 그의 우국충정에 불타는 열변은 청중을 사로잡았고 그의 헌신에 대한 지방민의 존경도 대단하였다고 한다. 이러한 이동휘의 열성으로 약 3년 동안에 강화도 지역에는 72개의 학교가 세워졌고, 전국에는 170개 학교가 세워졌다고 하니 그의 영향력이 얼마나 컸는가를 짐작할 수 있겠다.

고종에 의한 적석사積石寺 소유의 토지와 임야에 대한 지세, 영친왕의 하사금 그리고 이용익의 후원금 등으로 민족정신을 강조하며 국권회복을 위한 민족간부를 육성하는 데 주력하였던 보창학교는 1907년 군대해산 시 강화도 진위대의 봉기로 인해 이동휘 등이 체포되자 재정에도 큰 타격을 받았으며 중심역할을 하던 강화읍의 교사는 일제 수비대에게 빼앗긴 후 전전하다가 1915년에 폐교되었다.

한편 이동휘의 이러한 활발한 교육 활동은 그의 기독교 신앙과 밀접하게 연결되어 진행되었다. 그가 1903년 이후 기독교를 신봉하고「을사조약 항변유서」이후 기독교를 더욱 철저히 대하게 된 것은 일차적으로는 국권회복운동의 일환으로서였다. 이것은 당시 그가 기독교를 믿게 된 동기가 애초에 어떤 영적인 것을 체험함으로써 이루어진 것이 아니라 철저히 을사조약 강제 체결에서 말미암은 데서 알 수 있다.

이동휘는 기독교를 서양 문물의 전달자, 계몽운동의 수단, 구국운동

그리어슨 선교사

의 방법으로 인식하였다. 당시 그는 기독교야말로 쓰러져 가는 나라와 민족을 구할 수 있다고 확신하였다. 그리하여 그는 강화도 지방의 지방 전도사로 시무하고 있던 김우제를 통하여 기독교 감리교에 입교하였다. 이후 이동휘는 치외법권을 누리고 있는 선교사들의 비호 아래 주로 서북지방을 중심으로 기독교를 통한 민중계몽운동에 주력하면서 기독교 선교와 항일신교육 보급운동에도 앞장섰다.

이동휘는 원산·성진·강원도 각지를 순회하면서 "무너져 가는 조국을 일으키려면 예수를 믿으라. 예배당을 세워라. 자녀를 교육시켜라. 단발하여라. 그래야 우리도 서양 문명국과 같이 잘 살 수 있다. 삼천리 강산 1리에 교회와 학교를 하나씩 세워 3천 개의 교회와 학교가 세워지는 날이 독립이 되는 날이다." 하고 눈물을 흘리면서 호소력 있게 외쳤다. 그의 눈물의 호소를 듣는 사람으로서 눈물을 흘리지 않는 사람이 없었다. 그래서 사람들은 이동휘를 '눈물의 애국자요 영웅'이라고 하였다. 그의 이와 같은 노력으로 각처에 교회가 세워지고 민족교육기관이 설립되었는데 그 수가 80여 개에 달했다고 한다.

1909년 봄에는 캐나다 선교사인 그리어슨Robert Grierson 목사(한국명: 구예선)가 이동휘의 소문을 듣고 원산으로 찾아와서 성진으로 데려다가 자기와 같이 전도사업을 하는 조사(전도사)로 임명하였다. 그리어슨 목사는 배일운동排日運動에도 적극 참가하여 이동휘·김약연·구춘선·정재면 등의 애국 기독교인들을 비호하고 지원을 아끼지 않았다. 특히 그리어슨 목사는 단천에 있는 이동휘의 가족을 성진으로 데려다가 물심양면으로 돌보아 주었고, 이동휘의 신변을 보호하였다.

이동휘는 그리어슨 목사와 함께 "허술한 옷차림으로 짚신 신고 무거운 성경책 보따리를 걸머지고" 성진을 중심으로 함경도 각처로 돌아다니며 기독교를 통한 계몽운동을 전개하였다. 이동휘가 가는 곳마다 많은 사람들이 모여들었는데, 이동휘의 강연에 감동한 동포들이 거수로 기독교 신자가 되기를 서약하였다. 그리고 이동휘의 영향으로 함경도 각 지역 주민들이 교회와 학교를 세우는 일에 힘써 도처에 교회와 기독교 학교가 세워졌다.

1910년 8월 3일 한일병합 반대 혐의로 체포되었다가 8월 29일 경술국치 이후 석방된 이동휘는 이제 전도사의 신분으로 전국 각지를 순회하면서 기독교를 통한 항일계몽운동에 주력하였다. 그는 선천에서 개최된 장로교부흥회에 참석하여 "2년 후에 독립전獨立戰을 개시할 터인즉 이곳에서 청년들을 모아놓고 기다리시오."라고 하였다. 이것은 국권피탈 직전 무장투쟁만이 국권회복의 가장 현실적 대안임을 주장하였던 이동휘가 경술국치 후에는 일제와 무장투쟁에 의한 전면적인 독립전쟁을 계획하고 있던 것으로 보인다.

이동휘는 한아청삼국전도회韓俄淸三國傳道會의 후원하에 북간도 지역 기독교를 통한 계몽운동을 단행하였다. 이동휘는 1911년 1월 김철·오상언을 대동하고 성진을 출발, 회령에서 5일 동안 기독교를 통한 계몽운동을 전개하고 북간도에 도착하였다. 이후 북간도 각지를 순회하면서 기독교를 통한 계몽운동을 전개하였는데, 1911년 2월에는 이동휘의 북간도 방문을 계기로 기독교인 200명이 모여서 전도총회를 개최하였다.

이동휘는 이 전도총회에서 1909년 김약연·정재면·박태환 등이 조직한 길동기독전도회를 한아청삼국전도회에 편입시켰다. 삼국전도회는 3년간의 활동을 통하여 교회와 학교를 갖추었는데, 그 수가 36개 교회에 이르렀다. 또한 이동휘의 북간도 방문은 간민교육회의 활동을 촉진하였고, 이 영향으로 기독교 신자들이 증가되어, 1911년 11월 말 당시 40여 교회 1,700여 명에 달하였다.

그리고 북간도 기독교인을 중심으로 항일비밀결사체인 광복단을 조직하였다. 이동휘가 중심이 된 광복단은 이후 북간도 지역의 항일독립운동 세력의 중추적인 조직으로서 한인사회당과 노령 지역의 전로한족회, 대한인국민의회와 북간도 국민회를 비롯한 수많은 항일독립운동 단체의 핵심간부를 배출하여 1910년대와 1920년대의 민족운동과 공산주의운동을 주도하게 된다.

국내로 돌아온 이동휘는 1911년 3월 양기탁 등 보안법 위반사건으로 이후 경기도 대무의도에 유배되었다. 그곳에서 1년의 유배 생활을 마치고 1912년 6월 말에 석방되었다. 그 뒤에 한진대韓鎭大가 대리로 맡고 있었던 신민회 함경도 책임자의 역할을 다시 맡게 되었다. 또한 원산, 명천 등 함경도 지역을 순방하며 기독교 전도 활동을 하였는데, 당시 망국의 한을 가슴에 품고 있었던 국내의 많은 인사들이 이동휘의 전도로 기독교에 입문하기도 하였다.

독립전쟁론으로 항일무장투쟁을 전개하다 03

구국운동 방략의 전환

이동휘는 을사조약 강제 체결을 계기로 반식민지화의 위기 속에서 계몽
단체 활동을 통하여 국권회복운동을 전국적·전국민적으로 확산하는 데
심혈을 기울였으며, 나아가 기독교를 수용한 데 기초하여 교육과 종교
활동을 활발히 벌여 민중을 계몽하는 데 진력하였다.

그러나 이동휘에게 있어 이상과 같은 모든 활동은 하나의 목적, 즉 국
권회복을 위한 독립전쟁론으로 모아지는 것이었다. 왜냐하면 이것이야
말로 가장 확실한 독립의 방법이었으며 당장은 현실화되기 어려운 것일
지라도 궁극적인 목적으로 삼아야 할 절체절명의 과제였기 때문이다. 이
러한 이동휘의 인식과 실천은 다음을 통해서 구체적으로 발전되어 갔다.

1907년 7월 24일 고종의 양위에 이어 군대해산을 골자로 하는 한일
신협약(정미칠조약丁未七條約)이 체결되자, 체결 당일 이동휘는 기독교인 김
동수·허성경·김남수·김광천·김팽암 등과 함께 강화도 읍내 열무당閱武

한일신협약(정미칠조약)

^堂에서 군중집회를 열고 의병봉기를 선동하는 연설을 하였다.

이어 같은 해 7월 26일에는 열무당에서 대한자강회 강화도지회의 총회를 개최하여 항일의식을 고취하고, 7월 30일에는 정족산성鼎足山城 전등사傳燈寺에서 김동수·허성경 등 기독교인 400명을 모아 합성친목회合成親睦會라 칭하고 기독교와 천주교의 불화를 해소하려고 하였다. 그리고 일진회 회원의 입장을 거부하고 기독교인과 진위대 군인들에게 항일선동연설을 하였다.

7월 31일 군대해산 조칙詔勅이 발표되자, 이동휘는 700여 명의 진위대원과 강화도민을 모아놓고 다음과 같은 연설을 하였다.

제군이여 제군은 오늘날까지 국가간성國家干城이 되어 강토疆土를 보위하였으며 또 국가를 위하여 충절을 다하여 왔으나 간악한 적국 일본의 강제탄압에 못 견디어 우리의 국권을 상실하고 외교권이 말살된 보호조약이 체결되었다. 우리 군명君命에 따라 우리 군대까지 해체하게 되었으니 우리들은 몇 번이고 부흉절사剖胸節死하고도 남음이 있을 일이다.

그러나 우리는 열화같은 애국사상을 분발하여 간악무도한 왜적을 배격하고 조국의 광복을 위하여 최후의 일인까지 싸워야 하겠다는 독립정신을 망각하여서는 안 되겠다. 그러나 이것이 상당한 시일을 요할 것이다. 우리는 지금부터 배워야 하겠고 알아야 하겠다. 군함도 있어야 하겠고 대포도 있어야 하겠다. 독립군도 양성해야 하겠다. 그러므로 10리 사이에 1교씩을 설립하고 삼천리 강토에 3,000교를 설립하여 3,000만 동포의 애국정신을 배양하여야 하겠다. 이것은 오늘부터 또 내일부터 시작하여야 하겠다.

8월 1일 서울 시위대 병사들이 군대해산에 저항하여 봉기하였고 5일에는 원주진위대에서 봉기하였다. 서울에서 가장 가까운 곳에 위치한 강화도 분견대는 신속히 군대해산 봉기에 접할 수 있었다. 8월 9일 강화도 분견대는 참교 유명규와 부교 연기우·지홍윤 등이 병사 50여 명과 함께 의병봉기를 하였다. 이들은 군수 정경수(일진회 회원)와 일경 1명을 처단하고 무기고를 탈취, 지방민중을 무장시켜 항일투쟁을 전개하였는데 그 세력이 800명에 달했다고 한다. 그러나 강화도 분견대의 의병봉기는 8월 11일 수원에서 출동한 일본군에 의하여 무자비하게 진압되었다.

이동휘는 8월 1일 서울 시위대 병사들이 의병봉기를 하자, 서울 봉기 상황을 시찰하고자 8월 2일 강화도를 출발, 영정포를 거쳐 8월 6일 개성에 도착하였다. 개성에 도착한 후 개성보창학교 교감 김기하의 숙부 김용권의 집에서 하룻밤을 보내고, 보창학교 내에서 생도 장도순·김홍렴·김환극·김홍렬·안상봉·김낙영 등과 8월 9일까지 지낸 뒤 8월 10일 상경하였다. 이와 같은 과정은 여러 관계자와 연락을 취하는 동시에 이동휘 스스로가 강화도에서 일어난 봉기와 관련시키지 않으려는 의도적 행위로 보인다.

그러나 이동휘는 한성에서 8월 13일 강화도 분견대의 의병봉기를 모의·지도하였다는 점과 헤이그밀사사건 관련 혐의로 봉시奉侍 홍택주와 함께 경시청에 체포되었다. 이것은 강화보창중학교 교장과 대한자강회 강화도지회 부회장으로서 그 "위망이 전도全島를 눌렀던" 이동휘의 강화 주민에 대한 영향력으로 인해 일제 관헌이 이동휘를 강화도 봉기의 "수괴"로 지목했기 때문이었다.

이후 이동휘는 4개월 가까이 경시청에 구금되어 있다가 1907년 12월 2일 미국인 선교사 벙커의 노력으로 석방되었다. 당시 일제는 이동휘에게 반일 활동을 자제한다면 조선정부의 고위직을 주겠다고 제의하였지만 이동휘는 이를 단호하게 거절하였다고 한다.

이와 같은 군대해산에 뒤이은 강화도 군민 봉기를 계기로 그는 일제와의 전면적 대결을 실천에 옮기면서 "물과 불에 뛰어들어 죽는 한이 있더라도" "외국의 노예"를 거부하고 "죽기를 싫어하지 않는 의지"로 "동포의 수치를 씻을 것"을 맹세하게 되었다. 이는 곧바로 조직적인 실천으로 이어졌는 바, 신민회 창건에의 주도적인 참여가 그것이었다.

신민회는 1910년 4월 7일 국내 최후의 간부회의를 개최하고, 망명할 인사와 국내에 남을 인사들을 결정하여 국내외에서의 민족운동을 계속하기로 하였다. 이동휘는 북간도에서 동포사회를 단합·조직하여 민족운동의 근거를 마련하기로 하였다.

국내에 남아 사태의 추이를 지켜보고 있던 이동휘는 한일병합의 정식 성립을 앞둔 1910년 8월 3일, 성진에서 또다시 일제에게 체포되었다. "배일론排日論의 선두자이며 한일병합을 적극적으로 반대하는 위험한 인물"이란 혐의였다. 이동휘는 경성으로 압송되어 경무부총감부에 수감되었다가, 8월 29일 한일병합이 정식 공포된 후에야 석방되었다. 이는 이른바 한일병합을 앞두고 벌인 요주의 인물 예비검속 결과로 보인다. 그만큼 이동휘는 일제당국에게 있어 커다란 위협 인물이었던 것이다.

한편 이 무렵 이동휘는 캐나다 장로교선교회의 그리어슨 선교사와 협의하여 북간도에 대한 기독교 포교에 나서기로 결정하였다. 그리어슨 선교사는 1902년 이래 성진을 기독교 전도의 근거지로 하면서 간도교회를 특별히 주의하여 1908년에 한아청삼국전도회를 조직하였다.

이동휘의 북간도 선교는 이 삼국전도회에서 후원하였다. 이때 이동휘는 일제가 "이동휘의 교육생"이라고 불렀던 자신의 추종자들인 계봉우·오영선·장기영·도용호·김하구·정창빈 등 추종자 30여 명을 "기독교 포교"라는 목적으로 대거 북간도 각 지역으로 망명시켰다. 이는 앞에서 본 바와 같이 망명과 독립전쟁을 염두에 둔 사전 포석으로 해석된다.

두 번에 걸친 성진에서의 체포로 말미암아 더는 국내에서의 활동이 불가능하다는 것이 명백해졌다. 따라서 이동휘는 1910년 4월 신민회의 국내 최후 회의의 결정사항에 의거하여 해외 망명 계획을 서둘렀다.

마침내 이동휘는 기독교 전도사로 가장한 채, 압록강 상류 백두산 지역의 장백현長白縣으로 탈출하는 데 성공하였다. 이때가 1913년 2~3월경이었다. 이제 이동휘는 국내에서의 봉건체제에 대한 저항에서 계몽운동으로, 다시 독립전쟁론으로 변천해 간 그의 사상을 실천해 나가야 할 사명과 어려움을 동시에 직면하고 있었다.

북간도에서의 활동

이동휘의 북간도·연해주 지역에서의 활동은 그가 구상해 온 독립운동 방략인 독립전쟁론을 현실에서 구체적으로 실천하는 과정이었으며, 이 과정을 통해 많은 교훈과 경험을 얻게 된다. 이 과정을 추적해 봄으로써 그의 독립전쟁론이 북간도·연해주 지역에서 구체적으로 어떻게 구현되고 또 어떻게 전개되어 갔는지를 살펴보고자 한다.

1911년 '105인 사건'에 연루되어 경기도 인천 앞바다 대무의도에 유배되었던 이동휘는 캐나다 선교사 그리어슨 목사의 도움으로 1912년 7월 석방되었다. 석방된 후 성진으로 돌아온 이동휘는 교인들과 선교사들의 환영을 받았고, 그리어슨 목사는 그를 다시 조사(전도사)로 일하게 하였다. 지방을 순회하면서 기독교 전도에 나선 이동휘는 과격한 말은 피하고 복음전도에만 힘쓰면서 계속되는 일제의 감시망을 피하려 하였다. 그러나 그의 주변에는 언제나 일본경찰의 감시가 떠나지 않아서 북간도로 망명하여 독립전쟁론에 입각, 무장투쟁을 통해 국권을 회복하려고 한 계획을 실행하기가 어려웠다.

마침 그해 가을 이동휘는 갑산군 혜산진 교회에서 열리는 부흥사경회에 그리어슨 목사와 동행하게 되었다. 이동휘를 강사로 맞은 부흥사경회는 대성황을 이루었고 일본경찰은 일본경찰대로 긴장하였다. 그러나 이동휘는 복음전도에만 열변을 토할 뿐 민족주의적 색채를 조금도 보이지 않았다. 3~4일이 지나자 일본경찰은 안심을 하고 방심하게 되었다. 이때를 이용하여 그리어슨 목사는 혜산진 건너편 북간도에서 온 교인과 짜고 이동휘를 북간도로 망명시킬 것을 계획하였다. 혜산진 강을 건널 배와 사공을 마련하였고 건넌 후 안내할 사람도 대기시켰다. 그리고 사공에게 줄 후한 사례와 여비까지 준비하였다.

이동휘가 북간도로 망명하는 밤은 칠흑같이 어두워 지척을 분간할 수 없었지만 모든 계획이 어김없이 이루어졌다. 나루터에서 그리어슨 목사와 굳은 악수를 한 이동휘는 무사히 강을 건넌 후 기다리고 있던 안내인에게 안내되었다. 농부로 변장하였던 이동휘는 북간도 연길현 용정 명동촌으로 망명하였다. 이때가 1913년 2~3월경이었다.

일본경찰은 이동휘가 망명한 것을 알고 수사망을 폈으나, 그리어슨 목사나 사공 등이 태연하게 모른다고 잡아떼므로 수사는 미궁에 빠지고 말았다. 이동휘는 망명하기 전에 항일투쟁을 전개하는 동지들에게 다음과 같이 부탁했다고 한다. "국내에서는 아동교육과 계몽사업에 주력하여 독립의식을 고취하기를 바라며 사상이 견실한 동지들을 일제의 행정이나 경찰기관에 많이 투입시켜 표면으로는 복종하는 체하면서 내심으로는 배반하는 항일투쟁을 일제가 패망할 때까지 전개하라."고 하였다.

한인이 북간도로 이주하게 된 주요 동기는 경제적인 것이었으며 그중에서도 농업이민이 대부분이었다. 그러나 1910년 전후기에 이르면 이민의 양상이 달라진다. 경제난 등의 이유뿐만 아니라 일제통치로부터 벗어나고자 하는 정치·사회적 성격의 이민이 대종을 이루며, 국내의 국권회복을 위한 계몽운동 및 의병투쟁이 독립전쟁론으로 전환되어 독립운동기지를 건설하고자 하였다.

간도에 파견되어 만주 침략을 획책하고 있던 일본인들은 북간도의 기독교인들이 모두 독립운동에 전념하는 민족주의자이며, 교회는 독립운동의 정치적 결사요 그러한 '불령선인不逞鮮人'들의 소굴이라고 인식하였다. 북간도 한인사회의 형성은 주로 기독교인들에 의해 주도되었는데, 일반 민중들의 교회 입교 동기는 주로 북간도의 역사적 상황과 관련된다.

이주지에서의 일반 민중들의 처지는 그들을 행정적으로 관할하고 있는 중국관리들의 태도에 따라 상당 부분 좌우되었다. 중국관리들은 북간도의 기독교도들을 친중·친미파로 인식하였다. 그 이유는 교회에 모인 한인들은 일반적으로 배일주의排日主義를 표방하였고, 이러한 일본을 적대시하는 태도는 당시 중국인들과도 동일한 처지였으므로 이런 의미에서 기독교도는 친중파로 환영받았다. 북간도 교회의 배일주의는 한인과 중국인 간의 우호적 관계를 맺어주는 역할을 하였고, 중국관리들은 기독교도들을 우대하였다.

그러므로 한인들은 기독교도로 자처함으로써 관리들의 가렴주구로부터 벗어날 수 있었다. 또한 중국관리들은 국제적으로 기독교도들의 배

후에 있는 영·미의 외국 선교사들을 두려워했기 때문에 동 교파의 한인에 대해서도 불법적 행위를 자행하기 어려웠다. 한인들은 중국관리들로부터 생명과 재산을 보호받기 위한 자위수단으로서, 또는 자녀교육을 위해서 그리고 이국에서의 정신생활의 안정을 위해서 입교하였던 것이다. 북간도 한인들은 또한 자위단체의 필요성에서 교회를 형성하여 그들이 직면하는 제반 문제를 효율적으로 해결해 나가고자 하였다.

북간도에 이주민들이 날로 급증함을 본 김약연·김영학·구춘선·강백규·유찬희·마진 등 기독교인들은 1907년 용정에서 한인자치를 지향하기 위한 비밀단체인 연변교민회를 조직하였다. 연변교민회는 명목상 교포들의 권익을 내세웠으나 실제는 조국독립을 목표로 하는 독립운동 단체였다.

한편 일본과 중국이 1909년 9월 4일 간도협약을 체결하여 일본과 중국 간의 쟁점 사항이었던 간도영유권을 일본이 중국에 넘겨주고 일본은 한인들의 재판에 있어서 법정입회권을 얻어냈다. 이러한 간도협약의 독소조항에 반발한 박무림은 당시 연길지부 도빈의 통역관이었던 이동춘의 협력으로 중국관청의 허가를 얻어 간민회를 조직하였다.

그러나 간민회는 일본영사관이 들어선 후 일본 항의를 받은 중국당국의 명령으로 폐쇄령이 내려 해산되고 말았다. 왜냐하면 중국당국도 북간도 지역에서 한인들의 독자적 세력이 확대되는 것을 우려하였기 때문이다. 중국당국은 1910년 3월 이봉우·윤해 등을 설득하여 교육 활동을 표방한 간민교육회를 조직케 하였다. 이에 할 수 없이 간민회는 간민교육회墾民敎育會라 개명하였다.

간민교육회 제2회 교원강습회 기념사진

간민교육회는 1909년 말에서 1910년에 망명한 반일적인 진보적 인물들, 특히 서북학회 회원들이 참여함으로써 그 세력이 확장되었다. 1911년 2월경에는 간도 지역에 약 200여 명에 이르는 회원을 확보하게 되었다.

간민교육회는 중국당국과 협의하여 재만한인들도 토지소유권을 가질 수 있게 하였다. 즉, 한인이라고 하여도 중국에 귀화하여 중국 국적을 가진 자는 토지의 소유권(집조執照)이 인정되는 것이다. 그리고 명동학교를 설립하여 애국심·반일의식 고취에 심혈을 기울이면서 항일독립운동의 기반을 다져 나갔다.

그리고 간민교육회는 이주한인 자제들의 교육을 도모하기 위하여 한인들로부터 기금을 모집하고 한인들의 주요 거주지역에 보통소학교의 설립을 추진하였다. 동시에 간민교육회 내에 연구회를 설치하여 중국당국의 한인통치에 대한 의견을 건의하게 하였다.

간민교육회는 일제가 한인들을 일본의 신민이라고 내세우는 의도에 맞서 반일적 애국지사들이 중국당국의 보호하에 교육을 표방하고 북간도 한인사회를 통합한 조직이었다. 간민교육회는 비록 중국당국의 지방관에 부속하고 활동 상황을 보고하였지만 간부들은 중국당국의 지방관과 같은 예우를 받았다. 또한 북간도 각 지역에 학교와 교회를 설립하고 교사를 파견함으로써 반일계몽운동을 추진할 인재를 양성하여 항일민족운동의 조직적 기반을 마련하였다.

간민교육회는 재만한인의 자치와 경제적 향상을 도모하면서 독립운동을 적극 추진하고자 1912년 간민자치회를 조직하였다.

이동휘 등 북간도 한인대표 4명은 리위안홍黎元洪 대총통에게 혁명의 성공을 경축하고 북간도 한인사회의 실상을 말하여 중국 혁명정부의 지지와 원조를 요청하고 한인들은 간민자치회를 조직하여 한·중 친선과 발전을 도모하겠다고 제의하였다. 리위안홍 대총통은 한인대표단의 뜻은 찬성하나 자치라는 말은 삭제하고 간민회만을 승인하였다.

중국정부로부터 정식 허가를 받은 간민회의 목적은 북간도와 혼춘 지역에 거주하는 한인들이 중화민국의 법률에 저촉되지 않는 범위 내에서 무슨 일이든지 한인의 복리증진을 도모하고 중화민국의 일부 기관이 되어 한인의 생명재산 보호청구권을 확보하려는 데 있었다. 그리고 간민회는 명동학교와 같은 성격의 민족주의 교육기관을 각지에 설립·운영하였다.

하지만 간민회는 기독교운동과 신교육운동을 반대하고 있던 유림계열의 농무계와 공교회 등이 주도한 대대적인 시위와 충돌사건의 여파로 중국당국의 해산 명령을 받아 해체되기에 이르렀다. 여기에 1914년 제1차 세계대전의 발발과 중·일 간의 만몽조약滿蒙條約 체결로 인하여 그 입지가 더욱 좁아졌다. 하지만 북간도에서의 항일독립운동에 큰 자취를 남긴 것은 분명하다고 하겠다.

북간도 지방에서의 신교육 방법에 의한 민족주의 교육의 효시가 된 것은 1906년 용정촌에 설립된 서전서숙이었다. 이전의 한인교육이 한학 중심의 서당교육이었던 것에 비해 이 학교는 근대 신문화를 수용하여 수업하였으며, 독립사상 고취를 위한 정신적인 지도에 심혈을 기울였다. 따라서 이름이 서숙이었지 실상은 독립군 양성소나 다름없었다.

그러나 서전서숙은 1907년 이상설이 네덜란드 헤이그에서 개최된 제2회 만국평화회의에 특사로 파견되어 떠난 후 그 지역에 일제의 통감부 간도파출소가 설치되어 그들의 감시와 방해 및 재정난 등 곤경에 처하였다. 그리하여 같은 해 9~10월경 자진 폐쇄하게 되었는데 이 학교의 뒤를 계승한 것이 명동학교明東學校였다.

명동서숙을 운영하였던 김약연은 서전서숙이 폐교되자 명동서숙에 서전서숙을 흡수·통합하여 1909년 명동학교로 개칭함으로써, 완전 신교육체제로 쇄신하였으며 1910년 3월에는 명동중학교를 병설하였다. 그리고 1911년에는 부흥사경회를 인도하고 있었던 이동휘가 여성에게도 민족교육·독립교육을 해야 한다고 역설하였는데, 이러한 주장이 수

명동학교

용되어 명동여학교가 병설됨으로써 명동학교는 북간도 최고의 민족교
육기관으로 자리 잡게 되었다.

명동학교의 항일교육은 1920년 건물이 일제에 의해 소각당할 때까지
꾸준히 계속되어 수많은 인재가 배출되었다. 이들은 그 후 북간도 도처
에 세워진 여러 민족교육기관의 교사로, 또는 독립군으로 항일독립운동
을 선도하였다.

한편 이동휘는 1913년 북간도에 도착한 후 각 지역에 산재해 있던 이
동녕·김필순·김병현 등 신민회 회원들과 애국지사들을 만나 연락기관
과 통신원을 설치하고 북간도 지역 동포들의 농업·상업·교육 활동 등
을 살펴보았다.

이동휘는 북간도 한인사회가 대부분 가난한 농민·노동자·영세민으
로 국내에서 경제적 기반을 찾지 못하고 국외 새 개척지를 찾아 이주한
자들로 형성되었으며, 이들의 생활환경 및 자녀교육의 상황이 아주 열악
한 상태라는 것을 알게 되었다. 그리하여 그는 북간도 한인을 위한 농업

진흥책을 강구하고, 학교설립을 통한 계몽운동을 전개하여 북간도 한인 사회를 각성시키는 것이 가장 중요한 현실적 과제임을 깨닫게 되었다.

이에 이동휘는 북간도 연길현 국자가에서 "지금 세계는 민족경쟁시 대라 독립국가가 아니면 민족이 서지 못한다는 것을 우리 민족은 각성 하여 큰 힘을 분발하지 않으면 조국광복을 쟁취할 수 없다는 것과 스스 로 힘쓰지 않으면 망국亡國을 그 누가 만회할 것이냐."는 요지의 항일계 몽 강연을 시작으로 학교설립을 통한 계몽운동에 주력하였다.

이동휘는 그의 동료이며 비서인 김립 등과 연길에서 계몽운동을 전개 하였는데, 특히 가가호호 돌아다니면서 여자교육 문제에 대하여 역설하 여 소영자小營子에 광성학교光成學校와 길성여학교를 세웠다. 당시 대다수 의 사람들이 근대 신문명을 접촉하지 못한 상태에서, 봉건적 사고방식 인 남존여비사상이 강한 까닭에 여학교를 세운다는 것은 결코 쉬운 일 이 아니었다. 하지만 이동휘의 열성적인 노력에 의하여 북간도 한인들 은 자기 자녀들을 광성학교에 보내왔다. 이동휘는 학교의 건물을 마련 하였으며, 교원을 초빙하여 수업을 시작하였다.

광성학교는 1911년 3월 북간도 국자가로부터 5킬로미터 떨어진 위 치에 세워졌고 한인들은 광성학교를 북간도 교육계의 최상의 학교로 여 기고 있었다. 광성학교는 1911년 초 김립이 블라디보스토크에서 이종 호의 재정적 지원과 학교설립 계획을 가져와 세운 학교였다.

광성학교에는 중학과와 법률정치과를 두었고, 여자야학교와 소학교 를 부설하였다. 길동기독학당이라고도 불렀다.

광성학교에는 간민교육회 핵심간부인 이동춘(교장), 김립(학감), 정현

설(재무), 구춘선(간사), 이봉우(간사), 이남원(간사), 황원호(간사), 박춘서(시당주임), 윤해(교사), 장기영(교사), 오영선(교사), 김하석(교사), 계봉우(교사), 문경(체육교사) 등 13명이 교사와 실무자로 활약하였다. 광성학교는 재정적인 어려움으로 설립한 지 1년도 안 되어 법률정치과가 폐지되고 2년이 못 되어 중학과가 폐지되기에 이르렀다. 이러한 어려움에도 불구하고 사범속성과를 설치하여 졸업생들을 배출하는 등 인재를 양성하였는데 아쉽게도 중국당국의 탄압으로 폐교되고 말았다.

일제 측 기록에 의하면 광성학교는 철저한 배일교육排日敎育을 실시하였고 체육은 신체의 단련은 물론 정신력을 배양하기 위한 과정으로서 병식체조를 실시하였다고 한다.

또 이동휘는 명당모촌明堂冒村 화전현花田峴에 배영학교培英學校를 설립하고 혼춘현 하다문향 신풍촌에는 종명학교를 설립하여 국권회복을 위한 인재를 양성하였다. 이동휘는 배영학교·종명학교 전교생에게 여러 차례 연설하여 반일애국사상을 주입하였고, 반일애국정신을 고취할 수 있는 교과서를 계봉우 등에게 편찬하게 하였다.

학교설립에 주력하던 이동휘는 북간도의 특수 사정을 고려하여 중국과 일제의 탄압을 최소화하고 북간도 한인들을 계몽하려면 서구문명인 기독교를 수용해야 한다는 것을 인식하였다. 그리하여 그는 1912년 3월 북간도 망명 전부터 친분이 두터웠던 캐나다 선교사 그리어슨 목사와 제휴하고 김립·윤해·계봉우·정연호·장기영·고명수·오영선·유예균·마진·서상용·김하석·김하구 등 기독교인들과 연해주·북간도·함경도를 포괄하는 한·중·러 기독교선교단(일명: 삼국전도회)을 조직하여 자신이 총무가 되어 활동하였다.

한·중·러 기독교선교단은 각 지방 한인 마을을 찾아다니며 민족학교의 설립과 예배당의 건립을 추진하였으며, 한인을 모아 애국강연회를 열어 민족의식 고취에 앞장섰다. 이동휘는 부흥사경회를 인도하며 "신도 100만 명이 이룩되는 날이 한국이 독립되는 날이다." 하면서 기독교를 통한 국권회복운동을 전개하자 많은 한인들이 기독교에 입교하였다. 이동휘는 함남·함북 지방의 서북학회 회원들과 혼춘현까지 가서 "우리가 국권회복을 하기 위해서는 기독교 교인들이 단결하여야 하며 기독교로 뭉쳐서 항일민족운동을 전개하자."고 역설하였다.

이와 같이 북간도에 있어서 항일민족운동은 기독교를 바탕으로 전개되었으므로 기독교의 선교가 용이하였고, 재만한인들은 민족의 독립을 쟁취하기 위하여 기독교에 입교하였다. 이후 3년간 삼국전도회는 이동휘 등의 열광적인 노력으로 교회의 수가 36개로 증가하였다고 한다.

북간도에서 학교설립에 의한 계몽운동이 어느 정도 성과를 거두고, 간민회가 항일독립운동 단체로 성장되어 가자 이동휘는 자신의 기본 노선인 무장투쟁에 의한 국권회복을 계획하게 되었다. 1912년 연해주 블라디보스토크에서 신채호·이갑 등이 주축이 되어 광복회光復會를 조직하였다.

광복회는 군자금 모금과 친일관리·악질 지주·부호들을 습격 처단하는 데 치중하였다. 더불어 무관학교와 소·중학교를 설립하고, 애국사상과 반일의식을 고취하면서 군사훈련을 병행하여 무장투쟁을 위한 인재 양성에 주력하였다. 그리고 연해주 지방은 물론이고 중국 동북의 서북간도 지방에 조직을 확대해 나갔다. 광복회 북간도 지회를 설치하여 신채호·이갑 등과 연계를 가졌던 이동휘는 자신이 세운 학교의 경영은 다른 사람에게 맡기고 무관학교를 세워 무장투쟁을 전개하려고 김립 등과 함께 1913년 왕청현汪淸縣 수분대전자綏芬大甸子 나자구羅子溝로 갔다.

이동휘는 김립·장기영·이종호·오영선·김광은·김영학 등과 상의한 끝에 한인들이 많이 살고 있는 태평구에 동림무관학교東林武官學校(대전무관학교)를 세웠다. 이 무관학교에서는 반일무장투쟁을 전개하기 위하여 학생들의 군사훈련과 군사기술 연마에 치중하였다. 학생은 태흥서숙의 학생을 위주로 하고 북간도는 물론 국내·연해주에서 온 사람도 받아들였는데 그 수가 300명이나 되었다.

그리고 이동휘는 김립·오주혁 등과 밀산密山의 산속에 밀산무관학교를 세웠다. 무기는 소련을 통해 소총과 권총 1만 5천 정을 구입하였으며, 혼춘현의 사도자 부근에는 3천 명 이상의 독립군이 소련제 무기로 무장하였다. 이동휘의 생각은 일정한 독립군을 양성하여 무장대오를 준비하고 있다가 일제가 중국 또는 러시아와 전쟁을 하는 경우 일본의 교전국과 연합하여 국내로 들어가 나라의 독립을 쟁취한다는 것이었다. 즉, 무조건 독립이 그의 목표였던 것이다.

이동휘가 국내에서 탈출한 이후 북간도를 비롯하여 남북만주를 순회한 목적은 교육과 종교 및 실업을 장려하고 애국지사들과 연락망을 확립하여 독립전쟁론을 추진하기 위함이었다. 그러나 이동휘는 항일독립운동 세력 간의 고질적인 파당과 일제의 끊임없는 추적으로 인하여 노령 연해주로 재차 망명하게 되었다.

노령에서의 활동

이동휘가 연해주로 망명한 이유는 심각한 경제난으로 인하여 무관학교의 유지가 어려운 점도 있었지만 실상은 끊임없는 일제의 추적 때문이었다. 또 이동휘는 당시 미주에서 국민회와 흥사단을 조직하여 활약하던 안창호에게 연해주로 망명하기 전 자신의 심정을 적어 두 통의 서신을 보냈다. 이 편지로 미루어, 노령 연해주에 있는 독립운동가들이 결집된 힘으로 항일독립운동을 전개하는 것이 아니라 지방색과 독립운동의 노선·방략에 따라 파벌을 형성하여 상호 반목한다는 것을 듣고 이것을 합심단합시키기 위하여 연해주 지역으로 간 것으로 보인다. 따라서 이동휘가 북간도에서 노령 연해주 지역으로 재차 망명하게 된 이유는 무관학교 운영에 있어서의 심각한 경제적 사정, 일제의 끊임없는 추적, 노령 연해주 지역 동지들의 파벌투쟁 등으로 정리할 수 있다.

이동휘가 연해주 지방으로 가기 전 연해주의 한인사회는 지방파벌 간의 갈등과 파쟁으로 권업회라는 통일적 한인 자치기관이 있었음에도 불구하고 제 역할을 수행하지 못하고 있었다. 왜냐하면 기호 출신인 김현토가 함경도 출신인 이용익을 암살하려는 사건이 있었고, 기호 출신인 정순만이 함경도 출신인 양성춘을 살해한 사건이 발생하였기 때문이다. 여기에 평안도 출신 정재관과 기호 출신 이상설의 의견대립으로 생긴 기호파와 서도파의 대립과 갈등은 연해주 한인사회의 심각한 문제로 대두되었다.

이러한 출신지역에 따른 파쟁은 권업회 조직과 인과 과정에서 더욱 표출되었다. 서도파 인사들은 북파와 기호파의 양면 공격과 러시아당국의 탄압으로 인하여 매우 어려운 처지에 놓이게 되었다. 기호파는 서도파인 안창호·정재관·이강 등이 기호파의 정순만을 살해하도록 조종하였다고 러시아 헌병대에 무고하였다. 이에 러시아 헌병대는 서도파에 대한 구인장을 발부하였다. 이때 서도파 정재관과 이강은 블라디보스토크로 피신하였고 피신하지 못한 백원보는 러시아 헌병대에 수감되었다.

이와 같은 상황에서 1911년 6월 1일 권업회가 발기되었는데 서도파와 북도파 간에 주도권을 잡기 위하여 또다시 반목이 일어났다. 여기에 이상설 등 기호파 출신들이 북도파를 모해함으로써 3파 간의 분쟁으로 치달아 그 심각성이 더해 갔다. 분쟁이 심해지자 러시아당국은 3파 간의 타협과 조정을 시도하였고 이것을 3파가 받아들임으로써 권업회는 겨우 공식 인가를 받을 수 있었다. 러시아당국은 서도파의 친미반러적 성향을 견제하기 위하여 권업회를 허가하였던 것으로 보인다.

한인들이 연해주 지역에 이주하기 시작한 시기는 1863년, 1864년 등의 의견이 있으나, 러시아 측 자료에는 이미 1862년에 한인들이 연해주에 이주해 정착했다고 쓰여 있다. 1884년 한국과 러시아의 외교관계가 맺어지고 이어 1888년 8월 한러통상장정이 체결되어 한인 이주에 대한 규제가 정식으로 가해지기 시작하였다.

그럼에도 불구하고 연해주 이주자가 끊이지 않자 러시아 측은 한인 이주자를 다음의 3가지 종류로 구분해 다루었다. 첫째 부류에는 1884년 6월 25일 이전에 러시아로 이주했으며 러시아 시민권을 획득할 자격이 있는 한인들이 속하고, 둘째 부류에는 그 뒤에 온 자들로 2년 안에 자기

사업을 정리해 한국으로 돌아가야 하는 사람들이 속하고, 셋째 부류에는 일하기 위해 일시적으로 러시아 땅에 들어온 사람들로 세금을 러시아 농부와 똑같이 내지만 다른 권리가 없는 한인들이 속하였다.

1900년대에 있어서의 이주 동기는 초기의 경제적 이유와는 달리 일제의 침략에 반대하여 일제의 지배를 피해 국외로 도피하는 정치적 측면이 대부분을 이루었다. 1905년 을사조약 강제 체결과 1907년 군대해산을 전후하여 국내에서 항일전을 전개하던 의병과 애국계몽운동가 및 기타 민족운동가들이 이 지역으로 망명함으로써 독립운동 근거지가 조성되었다. 이후 망명객들은 일제가 패망할 때까지 이 지역을 중심으로 줄기차게 항일독립운동을 전개하였다.

이곳에 집결하여 활동한 인물은 첫째, 이범윤·홍범도·유인석·이범석·엄인석·안중근 등 의병장들로 이들은 1910년 5월 국내에서 이동해온 의병부대와 함께 통합조직으로서 13도의군을 창설하였다. 단일군단을 형성한 13도의군은 유인석을 도총재都總裁로 받들고 이범윤을 창의총재彰義總裁, 이기남(함경도 의병장)을 장의총재壯義總裁, 우병열(황해도 의병장)을 도총소都總所 찬모贊謀, 홍범도와 이진용(황해도 의병장)을 동 의원으로 하여 의병을 통솔하게 함과 동시에 국내진공을 준비하였다.

그리고 그해 7월에는 도총재 유인석과 이상설(고종의 신임이 두터웠던 이상설은 헤이그 만국평화회의에 참석하였다가 이 당시 미국을 거쳐 연해주에 와 있었다.)이 연명하여 국왕인 고종에게 2가지 내용의 상소를 올렸다. 그 하나는 13도의군이 구국항전을 전개하려면 군비가 부족하니 내탕금內帑金에서 군자금을 보내어 달라고 청한 것이고, 또 하나는 고종이 연해주 지역으로 파천播遷하여 망명정부를 세워 항일독립운동을 영도하여 달라고 청한 것이었다. 이와 같이 이들은 의병투쟁을 독립군의 항전으로 전환하려고 심혈을 기울였다.

「해조신문」 창간호(1908. 2. 13.)

둘째는 러일전쟁 이전 이곳에 이주하여 경제적 토대를 구축하고 러시아에 귀화하여 정치·경제적 지위와 신분을 획득한 인물들이다. 이들은 최재형·최봉준·김학만·김도녀·차석보·김익용·김병학 등으로 이곳 한인사회의 지도급 인물로 부상하여 한인의 경제적·사회적 지위 향상에 기여해 왔다. 그리고 한인의 이주와 개척에 중요한 역할을 수행하였고 나아가 한인사회 자치의 근간을 이루는 각 지방 한민회의 책임을 맡아 한인의 자치제 확립에 기여한 인물들이었다. 또한 이들은 장지연·정순만 등을 초청하여 이곳 한인사회에서 발행하던 『해조신문』의 주필을 맡게 함으로써 강력한 항일언론 활동도 전개하였다.

셋째는 국내와 그 밖의 지역에서 국권회복을 위한 계몽운동을 전개하다 군대해산을 전후하여 이곳에 망명, 국외독립운동기지를 마련하여 항일독립운동을 추진하던 인물들이다. 이들은 급진적인 의병투쟁보다는 '선 실력양성 후 독립'에 더욱 치중하여 망명 직후부터 미주에서 결성된 대한인국민회 시베리아 지방총회와 그 지회 결성에 노력하였다.

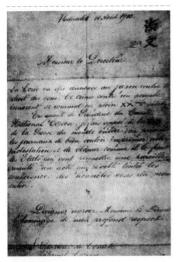

성명회의 한일병합 반대선언문(1910. 8. 26.)

이와 같이 연해주 블라디보스토크 신한촌을 중심으로 하여 모여들었던 수많은 독립운동가와 의병장들은 그곳 한인사회의 지도급 인물들과 힘을 합하여 성명회·권업회 등 항일독립운동 단체를 조직하여 국외에서의 항일독립운동을 주도하였다.

이상설은 한인이 조국독립을 위해 모든 역량과 수단을 동원해 항일독립운동 전선에 나설 때 우리 민족은 시련을 극복하고 독립을 되찾을 수 있다고 생각하였다. 이에 8,624명의 독립운동가들이 서명한 선언문을 각국 정부에 보내어 한일병합의 무효와 한국의 독립을 지지해 줄 것을 호소하였다.

이렇듯 1910년 일제강점 이후 연해주 한인사회의 반일기세가 드높아지자 일제는 제2차 러일협약(1910. 7. 4.)에 따른 범죄인인도조약에 근거하여 유인석·이범윤·이상설·이규풍 등 한인 독립운동가들의 체포를 러시아당국에 요구하였다. 이 조약은 양국의 특수이익을 서로 옹호하고 공동의 행동을 취하며 상호 원조한다는 내용이었다. 때문에 러시아당국은 이상설·이범윤·김좌두·이규풍·이기권·안한주·이치권 등 성명회와 13도의군의 간부 20여 명을 체포·투옥하였는데, 이상설만 니콜스크로 추방하였다.

러시아당국이 이렇게 서둘러 반일운동을 금지한 것은 일본정부로부터의 강력한 압력을 받은 까닭도 있지만, 1905년 볼셰비키들의 제1차 러시아혁명을 겪고 나서 한인의 민족해방운동도 일종의 그런 혁명운동으로 보아 두려워한 점도 있었다. 이리하여 성명회는 이상설의 체포와 투옥 그리고 추방 등으로 인하여 긴 활동은 하지 못하고 1910년 9월 11일 역사에서 사라지고 그 정신만이 유전되었다.

역대 연해주 총독들의 한인정책은 2가지로 요약될 수 있다. 하나는 한인의 시베리아 식민이 러시아의 극동정책을 실현하는 데 방해가 된다는 견해이며, 또 하나는 한인을 시베리아 식민에 적극 이용하고 대신 러시아화해야 한다는 견해였다. 코르사코프나 두호프스키 같은 연해주 총독은 한인 이주자의 노동력을 이용하자는 편이었고, 운테르베르게르 같은 총독은 한인 이주자에 대해서 부정적 태도를 취하였다.

1912년에 접어들어 연해주 총독으로 부임한 콘닷지는 전임 운테르베르게르 총독이 한인을 부정적 시각으로 보던 입장에 비해 매우 우호적인 한인유화정책을 추진하였다. 그는 "모름지기 한인교육을 일으키고 한인에게 러시아 국적을 부여하고 한인에게 병역을 부과하여 러시아화에 매진해야 한다."고 주장하였다. 그의 한인정책은 한인을 러시아 통제권 안으로 완전히 끌어들이고 한인들이 갖고 있는 능력을 시베리아 개척에 최대로 이용한다는 것이었다. 말하자면 한인을 철저히 러시아화하려는 고등정책이었다.

그러나 한인들은 콘닷지 총독의 한인정책이 생활의 안정과 항일독립운동을 전개하는 데 유리한 기반을 제공할 것이라 믿었다. 그리하여 러시아당국의 허가를 받아 항일독립운동 단체를 조직하고 활동하면서, 표

「권업신문」(1912. 8. 12.)

면적으로 전혀 정치적 색채를 내놓지 않음으로써 일제의 감시로부터 벗어나고자 하였다.

1911년 5월 20일 콘닷지 총독의 한인유화정책에 힘입어 13도의 군과 성명회의 이념을 계승하여 보다 강력한 항일투쟁을 전개한 권업회勸業會가 창립되었다. 최초 회장에 최재형, 부회장에 홍범도가 선임되었고, 북간도에서 항일독립운동을 전개하던 이동휘가 회무會務를 위하여 초청되었다.

이동휘는 권업회의 초청으로 연해주에 오기 전 『권업신문』에 「아령동포에게 고하노라」라는 기고문을 게재하였다. 기고문에서 이동휘는 노령 동포들에 대한 위로와 함께 조국의 광복사업에 있어서 노령 동포들에 대한 기대와 책임을 강조하였다. 이어서 이동휘는 동포들 간에 지방색에 따른 파쟁과 시기를 중단하고 민족의 공동이익과 대업을 위하여 서로 위로하고 협력할 것을 권고하였으며, 기독교적인 사랑과 순종 및 용서를 통한 화평과 단합을 요구하였다.

권업회가 경제주의 단체를 표방한 이유는 1911년 6월 1일에 "정치상 제도 기관 또는 공공의 안녕에 반항하여 인심을 선동하고 또 음모를 계획한 근거지로서 사용하는 것을 방지하기 위하여 사정이 허락하는 한

필요한 조치를 취한다."는 내용의 러일범인인도조약이 체결되었기 때문
이었다.

　권업회는 대외적인 활동의 편의를 위하여 러시아당국에 공인을 신청
하여 연해주 총독인 콘닷지의 허가를 받았다. 콘닷지가 권업회를 허가
한 이유는 첫째 미국에서 조직된 국민회가 정재관 등을 원동특파원으로
파견하였는데, 이들의 노력으로 국민회 시베리아 지방총회는 그 산하에
16개의 지회를 두었고, 회원은 1,000여 명으로 늘어났다. 여기에 미국
국민회의 자금을 받아 봉밀산자에 무관학교를 설립하여 무관을 양성하
고 민족주의 학교를 설립하여 인재를 양성하는 등 국권회복운동을 추진
하였다. 또한 기관지『대한인정교보』를 발행하여 한인계몽에도 앞장섰
는데, 콘닷지는 국민회가 미국의 영향하에 있다고 보고 위험시하여, 합
법적인 단체를 허가해 주어 국민회의 세력을 배제하려고 하였다.

　둘째는 권업회를 한인동화의 창구기관으로 이용하여 한인의 우수한
노동력을 시베리아 개척에 활용하려 하였기 때문이었다. 이리하여 권업
회의 항일독립운동이 러시아당국으로부터 비호를 받을 수 있었다.

　권업회는 한인자치기관으로서 집행부를 통해 여러 가지 사업을 전개
하였다. 민족운동자를 양성하는 민족주의 학교를 세우고, 한인들에게
애국·항일의식을 고취하기 위하여 각종 연설회를 개최하여 항일투쟁에
나설 것을 권고하였다. 그리고 보다 효과적인 활동을 전개하기 위하여
기관지로『권업신문』을 간행하였다.

　권업회의 회원은 창립 후 회세의 확장과 사업의 진척에 따라 크게 증
가하여 1913년 10월에는 2,600명에 달하였고, 그 후에는 8,579명의 회

원을 확보하였다고 한다. 특히 전체 지회 9개 중 5개는 이동휘의 활동에 힘입은 것이었다.

한편, 북간도에 있을 때부터 연해주 지역에 독립운동가들이 파벌을 형성하고 있다는 소식을 들었던 이동휘는 1913년 9월 권업회의 초청으로 연해주 블라디보스토크 신한촌에 도착하였다. 1913년 10월 12일 이동휘는 권업회를 비롯한 한인단체들로부터 대대적인 환영을 받았다. 환영회는 권업회관에서 개최되었는데 이상설이 사회를 보고 이종호가 이동휘의 경력을 소개하였으며 정재관·김도여 등이 축사를 하였다. 환영회가 끝나자 이동휘는 200여 명의 청중을 대상으로 한 시간 동안 연설을 하였다.

이 연설에서 이동휘는 국내 동포들의 참상과 일본의 현상 및 우리 민족의 신성한 역사를 말하고 해외 동포의 의무에 대하여 열변을 토하였다. 특히 이동휘가 나라를 빼앗긴 우리 민족의 설움과 고통을 말하자 청중들은 눈물바다를 이루었으며 일본의 통치를 비판하고 해외 동포의 의무를 말할 때는 청중들이 박수로 화답하는 등 연설은 말 그대로 감동의 물결이었다고 한다. 또 이동휘는 청중들에게 고종과 순종에게 충성을 다할 것을 강조하고 있는데 이것은 이때까지 이동휘가 고종과 순종을 국권 상징으로 인정하고 있었다는 증거로 보인다.

1913년 10월 23일 이동휘는 권업회의 여론부가 주최한 연설회에 참가하여 400여 명의 청중을 대상으로 '생명의 앞길'이라는 주제로 특강을 하였다.

이동휘는 지방색의 파쟁을 해소하기 위하여 각파의 중요 인물인 이종호·이강·이갑·정재관·유동열·오주혁·홍범도 등을 신한촌 강양오 집으로 초대하여 "조국의 광복을 보기 전에 사당私黨을 만들어 동포를 상호반목시키는 자는 동지가 함께 단결하여 군부君父의 원수怨讐로 삼는다."는 결의를 행하게 하였다. 이와 같이 이동휘는 고질적인 파쟁으로 침체되어 있던 노령 동포사회의 분위기 일신과 단합에 노력하였다.

이후 권업회에서 활동을 개시한 이동휘는 총무 정재관과 함께 연해주 일대의 지회설립과 지방시찰의 임무를 띤 총대로 선정되었다. 1913년 11월 24일 이동휘는 첫 번째 순회 지역인 하바롭스크로 출발하였다. 하바롭스크에 도착한 이동휘는 12월 4일 하바롭스크 권업회 지회를 재건하고 이민자회와 파스캐 분사무소를 조직하였다.

그리고 이듬해인 1914년 1월 17일 이동휘는 다시 도비허로 가서 지회를 설립하였다. 이와 같은 이동휘의 활동으로 권업회의 지방조직은 확대되었다. 또한 이동휘는 권업회의 지방조직을 재건·정비함과 동시에 노령 동포들에게 기독교를 전파하고 러시아에 비귀화한 한인촌에 한인학교를 세워 동포들의 계몽운동에도 앞장섰다.

특히 이동휘는 이범윤·홍범도 등 연해주에서 활동한 의병장들과 의병대책을 협의하여 북간도 지역 의병단과의 공동 대일항전을 결의하고 권업회에 재정적인 지원을 요청하였다.

오직 그의 관심사는 북간도·연해주 지역에 있는 항일 세력을 규합하여 무장을 갖추고 일제에 대항하는 것이었다. 동시에 그는 일제를 타도하는 무장투쟁도 중요하지만 민중을 각성시키는 것도 조국독립의 지름길이라고 파악하여 권업회의 각 지회를 순회하면서 민중계몽 강연회를 개최하여 항일 애국심을 고취하였다.

1914년에 접어들어 권업회의 활동은 더욱 활발해졌다. 그 이유는 첫째 1914년은 러일전쟁이 발발한 지 10주년 되는 해로 러시아의 반일 분위기가 팽배해져 일본에 대한 복수전의 여론이 고조되었다는 점이다. 둘째는 아무르 철도의 준공이 같은 해 말에 예정되어 있는 것과 연관하여 하급군인을 중심으로 일본과 다시 전쟁을 한다는 소문이 널리 퍼져 있었다는 점이다. 마지막으로 매년 1월 1일에 예정되어 있던 극동 러시아군의 만기 제대가 이유 없이 2회에 걸쳐 연기됨으로써 전쟁의 기대가 점점 고조되어 갔다는 점이다.

이러한 시대적 상황에 직면한 이동휘·이상설·이종호·이동녕·정재관·이강 등 권업회 주도인물들은 러시아가 다시 일본과 전쟁을 하게 될 때 러시아와 연합하여 일제를 공격하고자 준비하였고 또 독립을 쟁취할 수 있는 호기로 기대하였다. 그리하여 이동휘의 강력한 주장으로 효과적인 독립전쟁을 수행하고자 무장독립운동 단체인 대한광복군정부를 조직하고 이상설과 이동휘를 정·부통령으로 선출하였다.

대한광복군정부의 첫 번째 목적은 러시아에서 고조되고 있는 반일 분위기와 일본과의 개전에 대비하기 위한 것이었다. 두 번째 목적은 제2의 러일전쟁에 대한 준비를 계기로 하여 노령 지역에 산재한 모든 독립운동단체를 하나의 조직에 통일·단합시키자는 것이었다. 이 두 번째 목적은 이동휘가 북간도와 연해주 지역에서 일관되게 주장하였던 것으로 당시 고질적인 지방색으로 극심한 파쟁을 거듭하던 한인사회에 영향을 주었다.

대한광복군정부는 향후 군사행동에 대비하기 위하여 군대를 편성하였고, 이동휘는 김하석, 장기영, 이종호, 김립, 오영선 등과 함께 1914년 4월 러시아와 중국 국경지대인 북간도 왕청현 나자구 한인촌에 장교 양성을 위한 사관학교를 설립하였다. 태흥서숙의 학생들과 혼춘, 연해주와 기타 지역에서 모집된 학생 수가 100여 명에 이르렀다.

한편 1914년은 한인 동포들의 노령 연해주로의 이주가 50주년을 맞는 해였다. 이동휘는 1914년이 갑인년甲寅年이라 하여 갑인가歌를 만들어 체조할 때 창가로 부르라고 연해주 지역의 한인학교에 배포하였다. 이동휘가 만든 갑인가는 갑인호虎가 왜구를 잡아먹는 것을 풍자한 것으로 갑인호는 한국을 가리키고 왜구는 일본을 지칭한 것이었다.

그런데 이상설이 정통령을 사임하여 이동휘가 제2대 정통령에 취임하였다. 이상설이 정통령을 사임한 이유는 이동휘에 대한 불신 때문이었다. 이상설은 권업회와 『권업신문』 및 대한광복군정부가 이동휘·이종호 등 함경도 출신들에 의하여 주도되어 가고 있다는 것에 대하여 강한 불만을 가지고 있었는데, 하바롭스크에서 발행되는 러시아 신문에 자신에 관한 기사가 보도되면서 불만이 폭발하였다.

이 신문은 "이상설이 일본인 간계에 속아 『권업신문』 주필을 그만두고 러시아와 조선인의 사정을 일본에 밀고하려고" 한다고 보도하였다. 이에 이상설은 이 보도가 이종호의 간계로 이루어졌다고 생각하고 북파와는 화해하지 않겠다고 하면서 하바롭스크로 떠나갔다. 이에 이동휘는 이상설과 기호파가 노령 지방 동포들의 단합에 저해가 되고 있다고 가혹한 비판을 전개하였다.

1914년 7월 제1차 세계대전이 유럽에서 발발하자 러시아당국은 8월 1일 블라디보스토크 지역에 계엄령을 포고하고 전쟁에 대비하였다. 이에 권업회 하바롭스크 지부는 8월 6일 러시아의 승리를 기원하는 기도회를 개최하고 헌금을 모금하였으며, 『권업신문』은 8월 16일자 기사에서 러시아의 전쟁 노력에 적극 참여하여 50년 동안 연해주에서 한인들을 보호해 준 러시아정부의 은혜에 보답하자고 하였다.

그러나 이러한 한인들의 노력은 러시아가 전시정책을 채택하고 일제와 더불어 대독일 동맹국이 되어 한인의 일체의 정치·사회 활동을 금지함과 동시에 항일독립운동가들을 체포·탄압함으로써 무산되었다. 먼저 연해주 총독 콘닷지는 10월 9일 개최할 예정이었던 한인 이주 50주년 기념행사를 연기할 것을 명령하였다. 또 8월 20일에는 연해주 군정순무사가 권업회의 해산과 함께 36명의 한인 지도자들에게 48시간 내에 러시아를 떠날 것을 명령하였다. 여기에 권업회는 해산명령이 내려져 해산되었으며, 기관지인 『권업신문』도 강제로 폐간되었다. 그리고 한인사회의 중요한 인물들은 가차없이 체포·투옥되고 추방당하였다.

러시아당국이 권업회를 해산하고 『권업신문』을 폐간시키고 한인 독립운동가들을 추방한 것은 연해주 지역에서 항일적 분위기를 근절해 줄 것을 요구한 일제의 요청 때문이었다. 특히 일제는 기밀문서를 러시아당국에 보내어 이동휘·이종호·이동녕·윤해·정재관·오주혁·김하구·계봉우·이범윤·이갑·안정근 등 20여 명의 한인 독립운동가를 추방 대상자로 선정하였다.

연해주 지방의 정세가 한인독립운동을 탄압하는 기운으로 돌변하자,

러일개전에 대비하여 일제와의 독립전쟁을 계획하였던 이동휘를 비롯한 권업회 주도인물들은 새로운 활로를 모색하기 위하여 지하로 잠적하거나 하바롭스크·간도·북만주 등 시베리아와 중국령 전역으로 흩어졌다.

황병길과 이동휘

이동휘는 이종호·김립·장기영·김하석·오영선·한홍·김성남 등과 1914년 12월에 왕청현 수분대전자 나자구로 이동하여 앞서 자신이 설립한 동림무관학교(대전무관학교) 운영에 참여하면서 독립군 양성에 주력하였다.

이동휘는 이곳 무관학교에서 민족주의 교육과 군사교육을 실시하면서, 서북간도·러시아령 등지에 흩어져 있는 항일독립운동 세력과 상호 연락을 취하며 새로운 독립군 기지로서의 확충을 시도하였다.

이동휘는 1915년 3월에 들어와 21개조 문제로 중·일 간에 긴장이 고조되자 북간도 지역의 항일독립운동 세력을 규합하여 한·중 연합에 의한 대일무력투쟁을 준비·계획하였다. 이동휘는 무력항쟁의 주체로 대한광복군정부를 설정하였고, 황병길 등과 함께 혼춘 지역을 근거로 노령 연해주 방면의 무장단체와 연락을 취하고 이봉우와 윤해 등은 북간도 국자가 지역을 중심으로 활동을 전개하였다. 4월 초에는 동녕현 삼차구에서 대기하고 있던 이종호에게 유진구를 파견하여 거병할 것을 요청하였다.

이동휘는 5월 8일 대한광복군정부의 최고사령관인 정통령의 명의로 군구사령관과 그 휘하의 각급 군직을 임명하였다. 그러나 5월 9일 중·일 간의 21개조가 극적으로 타결되어 이동휘의 모든 계획은 수포로 돌아가고 말았다.

이후 일제의 강력한 요구로 중국관헌의 한인독립운동에 대한 탄압 조치가 내려지기 시작하였다. 이에 이동휘는 정안립·전일·백옥보·최빈·김강 등과 함께 노령 또는 중국령 오지로 잠복·도피하였다. 또한 독립군을 양성하는 데 적극적인 자세를 보였던 동림무관학교는 간도 주재 일본영사관의 강력한 요구로 1915년 5월 중국당국에 의하여 강제 폐교 당하였다. 연해주 지역에서는 권업회와 대한광복군정부가, 북간도에서는 간민회가 이 시기를 전후하여 해산당하게 되었다.

권업회의 해산으로 연해주에서 상해로 이동한 이상설은 1915년 3월 그곳에서 동제사라는 독립운동 단체를 이끌고 있던 박은식·신규식을 비롯하여 시베리아·국내 등에서 온 조성환·유동열·유홍열·이춘일·성낙형 등과 함께 동제사에서 건립한 민족주의 교육기관인 배달학원에서 회합하여 신한혁명당新韓革命黨을 결성하였다.

신한혁명당은 본부를 북경에 두기로 하고, 그 본부장에 이상설을 선임하였고, 이동휘는 장춘지부장에 선임되었다. 조직을 정비한 신한혁명당은 국내외에서 되도록 많은 혁명당원을 규합하는 한편 일제에 의하여 강제 퇴위당한 고종을 당수로 추대하여 혁명당의 활동을 보다 강력히 추진하고자 하였다. 그리하여 외교부장인 성낙형을 국내에 파견하여 고

신한혁명당 옛터

종을 당수로 받들고 중국정부와 중한의방조약中韓誼邦條約을 체결하기 위한 신임장을 받아오도록 하였다.

19개조로 된 중한의방조약의 내용은 중국정부는 한민족이 일제와 독립전쟁을 결행하면 곧 군대와 무기를 후원하고, 중일전쟁이 발발하면 한국독립군은 중국을 도와 일제의 안봉철도를 파괴하면서 한·중 공동의 항일전을 전개한다는 것이었다.

그러나 국내에 파견된 신한혁명당 간부들은 일제의 군경에 발각되어 거의 체포·투옥되었다. 그 후에 다시 동지를 규합하고 고종과 연락하면서 활동을 전개하였으나 1915년 7월 이후 모두 투옥되었다. 이것이 1915년 조선총독부가 발표한 보안법 위반사건의 진상이다.

국제정세 상황 판단의 한계성에 의하여 신한혁명당의 활동이 실패로 돌아가자, 이동휘는 추종세력들과 동녕현 삼분구에 북빈의용단北賓義勇團을 설립하고 왕청현 나자구에 무관학교를 설립하여 독립군 양성에 주력하였다.

이어서 이동휘는 권업회의 후신으로 김기룡·전일 등이 중심이 되어 러시아·중국 국경지대인 모다하시루우브스키에 설립한 노동회의 지원을 받아 일련의 무장행동을 하였다. 그 인적 기반은 러시아의 전쟁동원을 거부하여 도피한 약 2만 명 정도의 이주한인이었다.

한편 1914년 제1차 세계대전의 발발로 러시아는 일본과 동맹을 맺고 전시체제를 채택하여 한인의 독립운동을 강력히 탄압하였다. 1914년 말 러시아 지방당국은 귀화하지 않은 조선인을 포스예트 지역으로부터 참혹하게 추방하는 정책을 법제화하였다. 그럼에도 불구하고 일본정부는 이 정도의 조치에는 만족하지 못하고 이전과 유사한 새로운 문서를 1915년 8월 29일 제출하였다. 이 문서는 30명의 조선인을 러시아에서 추방하여 일본당국에 인도할 것과 아울러 만일 이것이 불가능하다면 그 조선인들을 시베리아 지역으로 추방하여 철저한 경찰 감시하에 묶어 놓아야 한다고 계속 주장하였다.

1916년 일본 비밀첩보대는 이동휘가 중국 동부 지역 철도를 파괴하려는 계획을 하고 있으며 그 외에 반러폭동을 기도하는 독일첩보원이라는 소문을 체계적으로 유포하였다. 여기에 동년 12월 중국에서 간행하는 『만주리아 데일리 뉴스 신문』에 동청철도 파괴공작이란 기사를 게재하게 하고, 주모자로 이동휘를 거론하게 하는 등 체계적인 공작을 진행하였다. 이러한 소문과 체계적인 공작, 그리고 일본 외교관들의 긴급한 요청으로 마침내 이동휘는 독일간첩과 동청철도 파괴공작의 주도인물이라는 혐의로 1917년 4월 중순경에 구속되었다. 독일간첩 혐의는 이동휘가 나자구 무관학교에 독일장교를 고용하였다는 점이 작용하였다.

러시아는 일본과의 동맹의 표시로 조선인 망명자를 계속하여 체포하였는데, 그 첫 번째가 이동휘였다. 이동휘가 체포될 수 있었던 배경은 러시아당국이 동맹국인 일본과의 관계를 고려한 점도 있지만 오랫동안 일제가 추진해 온 공작의 성과로 보인다. 여기에 노령 연해주 지역의 한인사회에 내재되어 있던 고질적인 파벌싸움이 이동휘의 체포를 더욱 가속화한 것으로 보인다.

제정러시아 정부에 의하여 감옥에 투옥된 이동휘는 감옥에서 볼셰비키들을 만나게 되어 한인으로서는 처음으로 마르크스주의와 접촉하게 되었다. 그는 감옥에서 결코 무료한 생활을 하지 않았다. 그는 러시아어의 학습에 몰두하여 볼셰비키의 도움으로 「공산당 선언」을 읽었으며 레닌의 『유물론』과 『경험비판록』을 탐독하였고 공산당 기관지인 『프라우다』의 애독자가 되었다. 이와 같이 이동휘는 감옥에서 볼셰비키들의 교육과 방조 아래 원시적 초기 공산주의자로 육성되어 갔다.

이동휘가 체포되자 노령 한인사회는 이동휘의 석방운동을 대대적으로 전개하였다. 먼저 이동휘의 측근들은 블라디보스토크 공안위원회에 이동휘의 무죄석방을 요구하는 청원서를 제출하였다. 그리고 이동휘 자신도 나자구 사관학교에 독일인 교사를 고용하였다는 것은 사실무근이며 북간도 동포들이 모금한 애국저축금은 러시아와 아무런 관계가 없다고 하면서 자신의 무죄석방을 강력히 요구하였다. 그러나 일제의 반발을 의식한 러시아당국은 이러한 요구들을 모두 받아들이지 않았다.

이동휘에 대한 석방운동이 대대적으로 전개되자 러시아당국은 이동휘를 하바롭스크 육군 감옥으로 이감하였다. 이에 한인군인회와 신한촌 한민회는 박세몬과 박이반 및 한용헌을 총대로 파견하여 또다시 이동휘의 석방운동을 전개하였다. 특히 하바롭스크의 한인회장 전태국과 러시아 장교인 유스테반 등은 소학교 학생들과 함께 이동휘 석방운동을 전개하는 등 열성적인 활동을 보여 주었다. 여기에 스챤 지역에서는 김성률·조진범·황영호·황승권 등이 이동휘 가족 후원운동을 전개하여 100원을 모금하고 그 돈을 이동휘의 본가로 송부하기도 하였다.

이후 알렉셰프스크(자유시) 지방의 러시아 육군 감옥에 다시 이감되어 있던 이동휘는 러시아 10월혁명 후인 1917년 11월 하순 석방되었으며, 독립운동의 새로운 가능성을 구하려고 1917년 11월 26일 밤 블라디보스토크로 돌아왔다.

한편 이상의 개인적인 체험과 더불어 이동휘가 사회주의를 통한 독립운동에 전념하게 된 주요한 계기는 러시아 10월혁명 그 자체였다. 새로 출범한 러시아 노농혁명정권은 첫째 아시아의 반제민족운동이 제국주의와 식민지·반식민지인 아시아의 연계를 단절할 수 있다는 점, 둘째 반제투쟁은 제국주의 진영을 약화할 수 있다는 점, 셋째 반제투쟁은 또 사회주의 소련을 보위할 수 있는 튼튼한 힘으로 될 수 있다는 점 등의 이유 때문에 아시아의 반제민족운동을 전폭적으로 지지하였다. 이러한 러시아 신정권의 태도는 여러 가지로 활로가 막혀 있었던 이동휘에게 하나의 커다란 가능성을 열어 보인 것이었다.

이것은 이동휘가 석방된 후 블라디보스토크에 돌아온 후 제일성第一聲으로 '노국露國 혁명당이 성공하고, 신정부가 성립되었다는 말을 듣고 기쁜 나머지 열렬한 축하의 뜻을 표명하고', '우리 동포도 또한 재활동의 기회를 얻었다.'고 말하는 것을 통해서도 알 수 있다. 그리고 이동휘가 볼셰비키와 손을 잡게 된 이유에 대해서는 당시 일본 경찰의 분석에서도 찾아볼 수 있다.

이동휘 일파는 이전부터 조선독립의 치열한 사상을 견지하여 오던 자로서 이미 지난날에 허다한 실패를 거듭한 나머지 이제 그 숙원을 달성하자면 적어도 어느 유력한 정부의 원조를 얻지 않고서는 불가능하다 하여 내심 그 기회를 포착하기에 심려하던 중 때마침 노농정부勞農政府의 공산주의 선전에 있어 온갖 유리한 조건이 제공된다 함은 물실호기勿失好機인지라……

이동휘 역시 기존에 수행해 왔던 독립전쟁론에 대해 어떤 방식으로든 반성의 기회가 있었을 터인데, 이에 대한 직접적인 자료는 없다. 다만 1917년 러시아혁명 이전 시기 연해주 지방에서 권업회와 더불어 독립운동의 양대산맥을 형성하였던 국민회 시베리아 지방총회의 기관지『대한인정교보』에서 그 일단을 추측할 수 있다.

『대한인정교보』1914년 5월 3일자(9호) 기사에서는 독립전쟁론과 더불어 대중에 기반을 둔 운동의 전개를 주장하였는데, 이는 앞에서 살핀 바대로 러일전쟁 10주년을 맞이한 당시의 정세와 부합하는 것이었다.

여기에서 주목되는 것은 기존의 독립전쟁론을 반성하면서 "백성은 나라의 밑등걸"이기 때문에 "뿌리부터 새로 만들 결심과 수단을 써야" 한다고 주장하고 있는 점이다.

이때의 비판은 주로 독립전쟁에서의 소영웅주의에 대한 것이었지만, 이 기사와 함께 사회주의를 소개하는 글을 게재하고 있다는 점에서 우리는 독립전쟁론의 반성='나라의 밑등걸'인 대중에 대한 주목=사회주의로의 전환 가능성을 연결하여 생각해 볼 수 있다. 9호 새지식 중에 「로동쟈문뎨」에서는 사회주의를 다음과 같이 소개하고 있다.

옛날에는 사회의 중류 이상 계급되는 자가, 하류 사람을 종같이 부렸으나 차차 자유사상이 퍼지고 교육이 보급되며 하류 사회에서도 문명한 지식을 얻어 현하 사람은 다 같은 사람이다. 자유평등이니 사람 위에 사람 없고 사람 밑에 사람도 없다 하여 결코 상류라는 계급의 압제를 받으려 아니하고 또 양식을 짓는 이도 우리며 모든 기계나 물품을 만드는 것도 우리니 이 세상에 있는 모든 재산은 말끔 우리 것이라. 상류라는 자가 제 것인데 함은 우리를 억지로 누르고 우리 것을 도적함이라는 생각이 팽창하여 아주 이 사회제도를 뒤집어 엎고 천하 재산을 꼭같이 나누자 함이 곧 그들의 이상이니 이것이 사회주의라.

이와 같이 이동휘는 기존의 독립전쟁론에 대해 국제정세의 일변으로 실패를 맛보면서 독립운동 세력의 역량의 한계와 확실한 후원자의 부재, 그리고 기존에 추진되어 온 독립전쟁론이 대중에 확실한 기반을 두고 진행되어 오지 못한 사실 등에 대해 상당한 반성의 기회를 가진 것으로 보인다. 여기에 그 자신의 피체, 감옥생활 및 석방 과정에서의 볼셰비키의 역할과 러시아혁명에 대한 자신의 인식과 전망이 보태져 그는 사회주의야말로 독립운동을 성공적으로 실천할 수 있는 가장 유력한 방도가 된다고 생각하였던 것이다.

　마지막으로 여기에서 언급하지 않으면 안 되는 것은 그가 과연 사회주의를 통한 독립운동에 전념하면서 기독교를 어떻게 탈각脫殼해 갔는가 하는 것이다. 이동휘가 이후의 과정에서 기독교에 대해 어떠한 태도를 취했는지를 직접적으로 보여 주는 자료는 거의 찾아볼 수 없는데, 다음의 기사는 이에 대해 하나의 실마리를 제공해 준다.

　(이동휘는) 그 후에 상해를 떠나 노령으로 건너가서는 사상적으로 공산주의에 공명하여 믿어오든 예수교도 버리고 이 운동에 진력하였다.

　즉 그는 사회주의로 자신의 사상을 전환하면서 이전의 기독교 신앙을 탈각하였던 것으로 보인다. 그는 기독교에 대해 민족독립운동의 방략으로서의 의의를 더는 적극적으로 부여하지 않았던 것이다. 이미 앞에서 살펴보았듯이 그의 현실주의적 관점, 그리고 민족독립을 최고의 가치로 여기는 입장에서 보았을 때 그가 사회주의를 수용하면서 기독교 신앙을 탈각해 갔다는 것은 일견 타당한 것으로 보인다. 이제 그는 구체적인 사회주의 실천 과정을 통하여 자신의 이러한 인식을 더 심화해 가면서 적극적으로 사회주의 활동을 통한 민족독립운동에 진력하게 된다.

04 이동휘의 사회주의 활동

사회주의를 수용한 이동휘의 사상과 활동을 살펴보기 위해서는 그가 조직하거나 관계한 단체에 대한 면밀한 검토와 함께 당시의 한인 및 러시아 정국의 동향, 사회주의운동 전반에 대한 고찰이 불가피하다. 특히 이동휘는 자신이 남겨 놓은 직접적인 저술이나 발언이 매우 적기 때문에 그의 사상과 활동의 전모를 밝히는 것은 일정 정도 그의 측근들의 사상에 의지하는 간접적인 방식이 동원될 수밖에 없는 측면이 있다.

하지만 이동휘 자신의 발언이나 관계한 단체의 활동 내용, 그리고 그가 일관되게 견지한 독립전쟁론의 흐름 속에서 그의 의도와 활동을 추적한다면, 그의 사상과 활동이 가지는 성격을 추출할 수 있을 것이다. 이하에서는 그가 추진한 사회주의 활동 전반을 추적하면서 그가 어떠한 사상 속에서 독립운동을 전개하려 했는가 하는 점을 중심에 두고, 그가 관계한 각각의 단체와 활동을 살펴보려고 한다. 이 속에서 그가 사회주의 활동을 통해 의도하였던 독립전쟁론의 구체적인 모습을 끄집어낼 수 있을 것이며, 그의 사상이 가지는 성격적인 특성을 알아낼 수 있을 것이다.

러일 양국의 긴밀한 동맹관계로 항일독립운동을 탄압받았던 러시아의 한인사회는 1917년 2월 러시아혁명(2월혁명) 후 새로운 계기를 맞이하게 되었다. 왜냐하면 1917년 10월 러시아혁명(10월혁명, 볼셰비키혁명) 후 레닌을 비롯한 러시아 혁명세력들은 언론·출판·집회·결사의 자유를 선포하고, 제국주의 침략성을 공격하였으며 피압박 민족의 해방을 열렬히 지지하였기 때문이다. 이리하여 한인들은 러시아혁명의 성공이야말로 일제를 분쇄해 버리고 한국의 독립을 가져다줄 수 있는 호기로 파악하였다.

러시아 2월혁명 후 한인의 조직적인 활동은 자치적 대표기관을 조직하려는 귀화 한인들의 움직임으로 시작되었다. 귀화 한인들은 전러한족대표자회의를 개최한다고 각 지역에 보낸 전보와 통지서에서 대표 2명을 선출하여 파송해 줄 것을 요청하였다. 1917년 6월 2일 이르쿠츠크 동쪽의 연해주 각 지역의 귀화 한인대표 70여 명과 비귀화 한인대표 30여 명이 니콜스크에서 회합하여 전러한족대표자회의를 개최하고 한인의 제반 문제를 협의하였다.

이 대회는 원래 1917년 5월 신한촌의 한민학교에서 최봉중·문창범·최예보·하난도레제 등 4인이 발기하였다고 한다. 대회 참가자들은 사회공안위원회와 농민동맹 및 국민회에 소속된 사람들이 대부분을 이루었다. 귀화 한인으로 대회 주도자들은 농민대표들과 국민회 대표들에게는 의결권을 부여하지 않았다. 대회장은 최만학이 맡았고 다음과 같은 중요사항이 결의되었다.

1. 러시아 임시정부를 지지할 것
2. 귀화 한인은 러시아 입법의회에 대표자를 보낼 것
3. 귀화 한인에 의한 한족대표회를 조직할 것
4. 정기간행물을 출판할 것(니콜스크 : 『청구신보』, 블라디보스토크 : 『한인신보』)
5. 농업용 토지 문제를 요구할 것
6. 러시아화에 반대할 것
7. 교회로부터 한인학교를 독립시킬 것(한글을 사용)
8. 촌회村會의 제도는 러시아의 제도를 본받을 것이지만 구한국의 제도도 참작할 것

이상의 결의사항을 보면 회의는 귀화 한인들에 의하여 주도되었고, 귀화 한인들의 생활안정과 민족자치 문제를 우선으로 하는 입장이 강하게 나타나고 있다. 그리고 주목할 만한 것은 문화적 자치와 민족교육·민족언론의 실시가 논의되었음에도 불구하고 항일적 경향이 짙은 비귀화 한인들의 참여가 완전히 배제되어 이들의 의사는 전혀 반영되지 않았다는 점이다. 따라서 전러한족대표자회의에는 항일적인 결의사항이 포함되지 못하였다. 이 때문에 독립운동을 우선 과제로 하였던 비귀화 한인들과 항일독립운동가들은 반발하고 회의석상에서 퇴장해 버림으로써 회의는 귀화 한인들에 의해서 주도되었다.

이처럼 러시아 2월혁명 이후 귀화 한인이 노령 한인사회의 주도권을 장악할 수 있었던 것은 비귀화 한인으로서 노령 지방에서 항일독립운동

을 이끌던 이갑·이상설·김도여 등이 와병으로 사망하고 이동휘가 독일첩보원 혐의로 러시아 당국에 체포, 투옥되어서 비귀화 한인을 이끌어갈 만한 항일독립운동가가 부재하였기 때문이다.

이 대회의 결의에 따라 1917년 8월 니콜스크에서 귀화 한인만으로 구성된 고려족중앙총회(전로한족중앙총회, 고려국민회라고도 함)가 조직되었는데, 임원으로는 회장에 김야코보, 부회장에 안드레 한피트르, 서기에 니콜라이 페브로피치가 선임되었다. 고려족중앙총회는 러시아 임시정부에 혁명을 지지하는 축전을 발송하고 기관지로 『청구신보』·『한인신보』 등을 발행하였다.

『한인신보』(1917. 11. 4.)

러시아 10월혁명으로 케렌스키 임시정부가 전복되고 노·농 소비에트에 기초를 둔 레닌·트로츠키의 신정권이 수립되자, 친볼셰비키적인 비귀화 한인들은 1918년 1월 14일 하바롭스크에서 아령한인회俄領韓人會(한족중앙총회라고 함)를 조직하기 위한 지방대표자회를 개최하였다.

고려족중앙총회가 니콜스크를 중심으로 볼셰비키정권에 대립적인 시베리아 지방의회를 지지하면서 문창범·최재형 등 귀화 1세대와 한안드레이를 비롯한 귀화 2세대 청년들이 중심인물이었던 데 비하여, 아령

한인회는 하바롭스크를 중심으로 친볼셰비키적이면서 이동휘와 가까운 김립·이한영 등 비귀화 망명가들과 오와실리·유스테판·박이반 등 귀화 2세대 청년들이 중심인물이었다는 데 그 특징이 있다.

아령한인회의 이러한 움직임에 대하여 귀화 한인으로 사회혁명당 계열이 많았던 고려족중앙총회는 러시아의 새로운 정치 상황에 대비하기 위하여 볼셰비키 세력과 상대적으로 가까운 위치에 있었던 아령한인회와 연합할 필요성을 느끼게 되었다. 그리하여 고려족중앙총회는 아령한인회와의 통합을 결의하고, 중앙총회의장 김보를 아령한인회의 지방대표자회의에 참석케 하여 통합에 합의를 보기에 이르렀다. 이에 따라 양측은 통합조직으로서 전로한족회중앙총회를 조직하기로 하고, 다음의 3개 항을 근간으로 하는 임시약장을 결의하였다.

1. 전로한족회중앙총회는 러시아 내에 있는 한족으로 조직하고 국적의 구별 없이 대동단결할 것
2. 전로한족회중앙총회는 지방회·지방연합회·중앙회 3계급으로 할 것
3. 전로한족회중앙총회는 금후 5개월 내에 헌장회의憲章會議를 소집할 것

전로한족회중앙총회의 최고 상급기관인 중앙총회는 니콜스크에 두었고, 지방조직은 연초·추풍·수청·하바롭스크·하마당·이콜라이스크·아무르 등 각처에 한족연합회를 만들고 그 밑에 지방회를 두어 중앙총회와 유대를 조직적으로 강화해 나갔다.

전로한족회중앙총회의 두드러진 활동은 언론·교육 활동이었다. 고

려족중앙총회의 기관지로 니콜스크에서 간행되던『청구신보』는『한족공보韓族公報』로 개칭되어 발행되었다.

또 이 회의 기관지로 블라디보스토크에서 간행되던『한인신보』는 친러배일의 민족지로 그 보급 범위가 시베리아의 연해주 지역뿐만 아니라 중국본토의 상해와 북경, 미주의 로스앤젤레스와 하와이 등지의 한인사회까지 확대되어 보급되었다고 한다.

전로한족회중앙총회는 민족주의 교육에도 주력하여 각지 한인사회에서 4만 루블의 의연금을 거두어 니콜스크에 사범학교를 설립하고 이대유·김종·윤창선·남병규·김립 등은 하바롭스크에 문덕중학교文德中學校를 설립하였다. 특히 이한영과 김립은 보문사라는 출판사를 설립하여『본국역사』·『최신동국사』·『한국사』·『한국지법』 등 민족정신을 함양시키고 민족문화를 보급하기 위한 각종 교과서를 간행하였다.

한인사회당의 창당

이동휘는 10월혁명 이후 시베리아 정세가 급박하게 전개될 때 러시아 감옥에서 석방되었다. 이동휘는 석방되자 알렉산드라 페트로브나 김을 비롯한 볼셰비키 지도자들을 만나서 자신의 석방을 위하여 힘써 준 것에 대하여 감사를 표시하였다. 이동휘는 감옥에 투옥되었을 때 성경을 보고 기도를 하는 등 기독교인으로서의 모습을 견지하였다고 한다.

이동휘가 친볼셰비키적인 인물이 되었던 것은 감옥에서의 공산주의 서적에 대한 탐독도 있었지만 러시아 임시정부가 일본과의 관계를 의식

알렉산드라 페트로브나 김

하여 정당한 근거도 없이 자신을 장기간 구금한 점과 석방 후 러시아 임시정부가 자신을 일본으로 건네줄 계획을 갖고 있었다는 사실을 안 점도 작용했던 것으로 보인다.

한편 1917년 11월 이후 볼셰비키혁명은 급속하게 확산되어 전시베리아가 볼셰비키의 수중으로 들어가자, 볼셰비키혁명의 성공을 우려한 미국·일본·영국 등은 제정러시아를 도와서 혁명의 확산을 방지하고자 혁명에 대한 무력간섭을 시작하였다. 1918년 1월 일본·영국이 전함을 블라디보스토크에 파견하였고, 2월에는 미국이 순양함을 파견하였다.

이에 볼셰비키들은 혁명 완수를 위한 동맹세력이 절실히 필요하여 1918년 2월 극동인민위원회 의장 알렉산드르 크라스노체코프Aleksandr Krasnoshchekov 주최로 한인혁명가회의를 하바롭스크에서 개최하였다. 볼셰비키들은 일본·미국·영국 등이 제정러시아를 도우면서 러시아 영토를 점거하고 있었기 때문에 이들 나라에 대항하는 제2방위전선을 구축할 수 있는 맹우盟友가 필요하였던 것이다.

1917년 10월혁명 이후 러시아 감옥에서 석방된 이동휘는 회의 준비위원회의 위원장으로서 서기를 맡은 김립과 함께 이 회의를 주도하였다. 회의 준비위원회는 만주와 연해주 지역의 반일애국단체에 대표 파견을 요청하는 통지서를 발송하였다. 그리하여 볼셰비키들이 주최한 이 한인혁명가회의에는 이동휘를 비롯하여 수십 명의 민족운동가들과 시베리아·극동·만주에서 온 대표들이 참석하였다.

이 회의에서 알렉산드라 페트로브나 김은 당시의 국제정세와 한인혁명가들의 당면과업에 대한 보고를 하였고, 이동휘는 조선도 러시아의 볼셰비키당과 같은 무산계급정당을 조직하여 조선민족해방운동을 볼셰비즘의 방향으로 이끌어가자고 제안하였다.

그런데 이 회의의 참석자들은 이동휘의 제안인 러시아 볼셰비키혁명과 항일독립운동과의 관계 설정을 둘러싸고 두 개의 그룹으로 나뉘었다. 하나는 볼셰비키로부터 도움을 받기는 하되 볼셰비키혁명에는 참가하지 말고 항일독립운동을 독자적으로 하자는 입장이었고, 다른 하나는 항일독립운동의 유일한 길은 러시아 사회주의혁명의 승리와 러시아 노동계급과의 밀접한 연계에 있다고 생각하고 볼셰비키혁명을 찬동하면서 볼셰비키적 노선에 따라 항일독립운동을 추진하자는 그룹이었다.

이러한 의견 대립의 결과 대회는 결렬되었고 전자의 그룹은 대회에서 탈퇴하였다. 이동휘의 주장에 반대한 전자의 그룹은 이동녕·양기탁·안정근·조성환 등 신민회 간부들이었다. 따라서 신민회의 동지들을 규합하여 한인사회당을 조직하려 하였던 이동휘의 의도는 좌절되었다. 볼셰비키를 지지했던 후자의 그룹은 이동휘를 비롯하여 알렉산드라 페트로브나 김·유동열·박애·이한영·김립·오성묵·오하묵·이인섭·유스테판·오와실리·임호·전일 등 비귀화 망명세력과 귀화 한인들이 주축을 이루었다.

하바롭스크에서 1918년에 개최된 회합은 한인사회당의 창당을 가져왔으나, 이동휘가 신민회와의 조직적인 관계를 단절하게 된 회합이기도

하였다. 더욱이 대회 참가자들 중에는 각 지역에서 활동하고 있었던 광복단 단원들이 많았는데, 이곳에서도 분열된 모습을 보였다.

볼셰비키혁명을 찬동하면서 이 노선에 따라 조국의 독립을 쟁취하려고 한 이동휘의 본심은 볼셰비키의 지원을 받아 일제와의 전면전쟁을 일으키는 것이었다. 즉, 이동휘가 볼셰비키와 손을 잡고자 한 것이 반일독립의 숙원을 달성하고자 볼셰비키의 원조를 얻으려는 것이었다면 볼셰비키는 일본을 비롯한 제국주의 열강의 러시아 무력간섭에 대항하는 방위전선에 한인을 이용하려는 것이었다. 양자 간의 절실한 요구가 맞아떨어졌던 것이다.

볼셰비키들이 주최한 한인혁명가회의에 참석하였던 이동휘는 당시 볼셰비키혁명 정권인 극동인민위원회에서 외교인민위원장이란 직책을 맡아 활동하던 알렉산드라 페트로브나 김의 소개로 1918년 4월 극동인민위원회 의장인 크라스노체코프를 만났다. 그는 이동휘에게 만약에 한인들이 극동 지역에서 볼셰비키혁명에 적극 참여한다면 항일독립운동을 지원하여 주고 한인들에게 보다 나은 사회적·경제적 조건들을 제공해 주겠다고 약속하였다.

이에 이동휘는 1918년 4월 28일 하바롭스크에서 김립·유동열·이인섭·이한영·전일·오성묵 등 비귀화 망명세력과 알렉산드라 페트로브나김·박애·오하묵·유스테판·오와실리·박봉·임호 등 귀화 한인세력을 중심으로 한인사회당 창립대회를 개최하고 한인사회당을 창당하였다.

창당 주도인물 중 알렉산드라 페트로브나 김은 볼셰비키혁명 이전 우랄 지방의 공장지대에서 노동운동에 종사하고 있었는데, 이 지방 목재

채벌공장에 노동자로 와서 무기구입 자금을 벌고 있던 간도의 나자구 무관학교 학생들과 접촉하였다. 이 무관학교는 이동휘·이종호·김립 등이 세운 학교로 독립군 양성소였다. 또 유스테판은 이동휘가 독일첩보원 혐의로 1917년 초 러시아당국에 체포되었을 때 볼셰비키들과의 주선으로 이동휘가 석방되는 데 결정적 역할을 하였다.

이와 같이 한인사회당의 핵심세력들은 러시아혁명 이전부터 상호 연결되어 있었고 이것을 기반으로 이후 결합되었던 것이다. 창당대회에서는 반일·반제의 사회주의 노선을 내용으로 하는 한인사회당의 약법을 채택하고 중앙위원회 위원들을 선출했으며 조직·선전·군사의 3개 집행부서를 설치하였다. 그리고 중앙위원회 위원에는 이동휘가 위원장으로 선출되었다.

군중을 동원하고 이들과 연계를 갖기 위해서는 먼저 볼셰비키혁명을 한인들에게 계몽하는 선전사업의 중요성을 인식하게 되어 출판사인 보문사가 설립되었다. 그리고 한인사회당의 기관지인 『자유종』을 발행하였으며, 우리나라 역사와 지리 등 교과서를 간행하여 한인들을 계몽하는 데 일정한 기여를 하였다.

선전 활동에 이어 한인사회당은 장교 훈련을 위한 군사학교를 설립하여 유동열이 교장으로 취임하였다. 한인사회당의 또 다른 주요활동은 반볼셰비키 혁명군인 백위파와 시베리아 제국주의 간섭군에 대항하기 위한 적군의 모집 활동 및 적위대를 조직하는 일이었다. 이동휘·유동열·김립·이한영 등은 전로한족회중앙총회 의장인 문창범과 지방 한인회 의장인 김보 등과 접촉을 갖고 하바롭스크 볼셰비키당의 지지 아래 일본군과 싸우기로 결의하였다. 이러한 목적을 달성하기 위하여 이동휘는 북만주 중·러 국경 지방으로 가서 적군 모집 활동을 전개하였다.

또한 한인사회당은 방계단체를 조직하는 데도 적극적인 활동을 전개하였다. 이동휘가 블라디보스토크에서 발기하여 조직한 대한인노동회와 알렉산드라 페트로브나 김이 예카테린부르크에 가서 조응순 등이 조직한 국민회를 개조하여 만든 노동회가 그 대표적인 경우였다. 이 외에도 진보적 단체들이 한인사회당 간부들의 노력으로 여러 지방에 조직되었다.

1918년 6월 당시 시베리아 정치 상황은 체코군의 반혁명정부 지원, 일본을 비롯한 제국주의 열강의 반혁명적 무력개입의 임박 등 볼셰비키정권이 대내외적으로 도전받는 급격한 상황이었다. 이리하여 전로한족회중앙총회는 이러한 상황에 대처하기 위하여 같은 해 6월 13일부터 24일까지 제2차 총회를 개최하였다.

이 총회는 1918년 1월 아령한인회 지방대표자회에서 아령한인회와 고려족중앙총회가 5개월 이내에 헌정회의를 개최하기로 합의한 것에 따른 것으로, 이처럼 시베리아의 정치적 상황의 급격한 변화가 예상되는 시점에서 시국 전반에 관한 한인의 통일적 입장의 수립과 단결을 도모하기 위하여 개최된 것이었다. 이 총회는 각 지방의 인구에 따라 선출된 지방대표와 각 단체 대표들 130여 명이 참석한 가운데 니콜스크에서 열렸다. 총회의 중요성에 비추어 러시아 극동인민위원회에서도 유스테판을 특파하였고, 니콜스크 적위대에서도 파견원이 출석하였다.

같은 해 4월 한인사회당을 창당하고 친볼셰비키적인 입장을 견지하였던 이동휘·박애·이한영·김립 등 한인사회당 주도세력은 이 총회에 참석하여 소비에트 권력만이 토지 문제를 해결할 수 있으며, 조선인 노동자들의 합법적 지위를 개선할 수 있으므로 레닌을 수반으로 하는 소비에트정부의 지지와 승인을 얻을 것을 내용으로 하는 결의안을 제출하였다. 또한 이동휘를 비롯한 한인사회당 대표들은 전로한족회중앙총회 중앙집행위원회를 개선하고 중앙총회를 볼셰비키세력의 중심지인 하바롭스크로 이전하여 볼셰비키세력과 제휴·협력관계를 강화하여 한인사회당의 영향력을 증대하려 하였다.

총회는 이동휘와 최재형을 명예회장으로 추대하고 임원으로는 회장에 문창범, 부회장에 윤해·채병욱을 선출하는 한편 상설위원에는 김츄프니프·김야곱·원세훈·한여결을 지명하였다. 또한 총회에서는 한인의 토지·교육·노동 문제 등 자치·자립에 관한 안건과 한족회 약법을 토의하였으며, 시국 문제에 관해서는 자유 만세·러시아혁명 만세·사회주의 만세의 결의와 한인의 정치적 중립을 선언하였다.

한편 1918년 4월 일본군이 육전대를 블라디보스토크에 파견하자, 일제의 무력개입을 예의 주시하던 이동휘는 4월 말~5월 초 무렵 극동인민위원회 의장 크라스노체코프를 만나 시국에 관한 회담을 하였다. 이때 이동휘는 그의 주선으로 양기탁·유동열·오와실리 등과 함께 독일 포로장교들과 회견을 갖고 일제의 시베리아 출병에 관한 공동대책을 논의하는 한편 친독배일파로 조선의 독립운동에 협력하고 있던 길림장군 맹사원과도 연락하여 대일 공동무력투쟁을 추진하였다.

그러나 제2차 전로한족회중앙총회가 끝난 직후인 6월 29일 블라디보스토크에서 체코군이 반볼셰비키 봉기를 일으킴으로써 극동 지역의 정세는 크게 바뀌었다. 블라디보스토크의 체코군 봉기는 무력개입의 명분을 기다리고 있던 일본 등 제국주의 열강에게 절호의 기회를 제공하였다.

마침내 블라디보스토크에서 체코군의 봉기가 성공하자 일제를 비롯한 영국·프랑스·미국 등 제국주의 열강은 기다렸다는 듯이 블라디보스토크를 다국적 지역으로 선포하고 8월 초에는 체코군을 구원한다는 명분하에 대규모의 간섭군을 파견하였다. 특히 일본군은 체코군·백위파군과 협력하여 연해주·흑룡주·자바이칼주의 극동 3주를 유린하며 볼셰비키권력을 붕괴시켜 나갔다.

볼셰비키권력이 붕괴되어 가자 이동휘를 비롯한 한인사회당 세력들은 하바롭스크에 모여서 대책을 협의하였다. 이 협의에서 전일과 유동열이 100여 명의 조선인 적위대를 이끌고 백위파군과 싸우기로 하였다. 그리하여 전일과 유동열은 적위대 100여 명을 이끌고 러시아 적군과 함께 우수리 전투에 참여하여 카르미코프 백위파군과 전투를 전개하였으나 적위대원 중 반수 이상이 전사하는 참패를 당하였다.

이후 일본군·체코군·백위파군 등에 의한 연합적 공세는 볼셰비키세력과 한인사회당세력에게 큰 타격을 주었다. 그리하여 볼셰비키극동인민위원회는 빨치산 체제로의 전환을 결정하고, 이에 따라 일본군과 백위파군이 하바롭스크에 진입하기 직전에 하바롭스크에서 철수하기로 결정하였다.

따라서 한인사회당의 활동은 중단상태에 빠지게 되었다. 이동휘는 하바롭스크에서 목선을 타고 하이강이라는 한인 마을에 있다가 북만주의

요하현 토산재라는 마을로 근거지를 옮겼다. 이한영은 북만주에 적위대원을 모집하러 갔다가 이동휘와 합류하였고 김립은 일본군에 체포되어 압송 중 기차에서 탈출하여 이동휘와 합류하였다. 또 전일·유동열·이인섭 등 10여 명은 중국인 노동자로 가장하여 하바롭스크를 빠져나와서 이동휘와 합류하였다.

이동휘 등은 이곳에서 길림의 정안립鄭安立이 주도하는 한족생계회韓族生計會의 지부를 목능역穆棱驛 부근에 설치하고 동중철도연선 지역의 한인과 노령의 한인독립운동가들을 규합하여 황무지의 개간, 학교·교회의 설립 등 항일독립운동기지 건설에 주력하면서 정세의 변화를 엿보고 있었다.

이때 한인사회당에서 볼셰비키당 사업에 주력하던 알렉산드라 페트로브나 김이 볼셰비키들과 함께 도피하던 중 흑룡강 배 위에서 백위파군에 체포되어 처형되는 일이 발생하였다. 뛰어난 여성혁명가로 볼셰비키의 두터운 신임뿐만 아니라 한인 근로자들 사이에서도 큰 인기를 얻었던 그녀는 이동휘를 비롯하여 급진적인 비귀화 한인 망명가들을 볼셰비키들에게 소개하여 한국 최초의 사회주의 정당인 한인사회당이 창당되게 한 인물이었다.

따라서 창당 초기 적극적인 활동을 전개하던 한인사회당은 일본군·백위파군·체코군·제국주의 열강의 간섭군 등 연합군에 의한 공세와 볼셰비키에 영향력을 행사하던 알렉산드라 페트로브나 김의 처형 등으로 타격을 받게 되고 중국령으로 피신한 이동휘를 비롯한 한인사회당 간부들은 후일을 기약하게 되었다.

대한국민의회 선언서

제1차 세계대전의 종결과 파리강화회의의 개최로 인한 세계정세의 변화에 고무받은 전로한족회중앙총회는 1919년 2월 25일 노령·간도·국내의 대표들을 소집하여 전로국내조선인회의全露國內朝鮮人會議를 개최하였다. 중대한 시국의 변화가 있을 때마다 노령의 한인들은 대회합을 개최하여 의견과 행동의 통일을 꾀하여 왔는데, 이 회의는 새로운 국제정세에 대응하여 한인의 의사를 집약하기 위한 회합이었다.

전로국내조선인회의는 먼저 새로운 시대에 부응하여 항일독립운동을 추진할 주체로서 전로한족회중앙총회를 확대·개편하는 형식으로 대한국민의회를 조직하였다. 대한국민의회가 조직되는 과정에서 1911년 초에 이동휘가 북간도에서 조직했던 광복단과 1914년에 조직된 노령 지역의 철혈단이 연합하여 1918년 말에 조직된 비밀결사 철혈광복단의 일부 단원들이 주도적인 역할을 하였다.

전로국내조선인회의에서는 독립운동선언서 발표와 가두시위 같은 평화적 시위운동 단계, 국내외 무장세력에 의한 국내진입의 무력시위운동 단계 그리고 파리강화회의에서의 외교활동 단계 등 3단계의 항일독립운동 방략을 수립하였다.

또 전로국내조선인회의는 대한국민의회 의장에 문창범, 부의장에 김철훈, 서기에 오창환을 선출하였다. 선전부장은 이동휘가 담당하였는데, 선전부는 주로 장정 모집·군사 훈련 등 독립군을 조직하는 데 주력하였다. 선전부는 전로국내조선인회의에서 결의한 3단계 독립운동계획 중 제2운동인 무력시위운동에 중점을 두었다. 그리고 항일무장투쟁운동을 전개할 담당부서로서 나자구에 군사교육부를 설치하고 독립군의 군사훈련을 맡게 하였다.

특히 강렬한 항일민족의식을 가진 한인들뿐만 아니라 러시아의 새로운 혁명사상 및 사회주의나 볼셰비즘에 영향을 받은 한인 2세들이 이동휘가 맡고 있는 선전부로 몰려들었다. 이들은 "백위파 정권의 징집령에 응하여 볼셰비키들과 싸우기보다는 차라리 한국의 독립을 위하여 일본과 싸우겠다." 하면서 이동휘 휘하의 선전부에 가담하였다.

05 3·1운동과 대한민국임시정부

3·1운동과 이동휘

제1차 세계대전의 종결과 파리강화회의 소집 등과 같이 급변하는 국제
정세에 뒤이어 발발한 국내에서의 3·1운동은 러시아 내 조선인들에게
심대한 충동을 주었다. 블라디보스토크에서 이 소식을 들은 이동휘는
기사회생의 호기가 왔다고 판단하였다. 이동휘를 비롯한 한인사회당 세
력은 국내에서 대규모 군중봉기가 발생한 새로운 조건에 대응하고, 연
해주 일대에서 고조되고 있는 조선인의 민족운동에 대한 태도를 확정하
는 한편, 조선혁명의 전략과 전술의 확정과 자체 조직 정비를 위해 새로
운 전열을 세울 필요를 느끼게 되었다.

1919년 3·1운동의 영향으로 4월 13일 상해 대한민국임시정부가 수립
되자, 대한국민의회는 간부회의를 열어 상해 대한민국임시정부를 가승
인하는 한편 깊은 관심을 표명하고, 통합을 제의하였다. 대한국민의회는
통합된 단일 항일전선을 형성하되 정부의 위치는 상해가 아닌 노령으로

블라디보스토크 3·1절 기념식 광경

하고자 하였다. 왜냐하면 노령은 지리적으로는 국내와 가깝고 만주·노령에 흩어져 있는 독립군을 통제하는 데 용이하였기 때문이다.

이러한 상황에서 이동휘를 비롯한 한인사회당 세력들은 3·1운동에 크게 고무되어 모든 항일독립운동 단체와 공동투쟁을 전개하고 국내에 거주하는 민중들과 연계를 도모하기 위하여 그들의 근거지를 국내와 가까운 블라디보스토크로 이동하였다. 그리고 조직을 재정비하고 본격적인 활동을 전개하기 위하여 같은 해 4월 25일 블라디보스토크 신한촌에서 한인사회당 대표자대회를 개최하였는데, 이동휘·김규면·김립·박진순 등 한인사회당 및 신민단 대표 49명이 참석하였다. 신민단은 경술국치 전후에 존재한 신민회를 계승한 단체로 3·1운동 이후 군사행동에 중점을 두었다. 이 대회에는 신민단 외에도 창해소년단·독립단·군비단·동경서울만세폭동청년당·사회혁명당 대표들이 참석하였는데, 시국 문제 토론과 독립운동 방향 설정, 빨치산운동 참가 문제 및 혁명적 총노선 설정, 그리고 레닌정부에 대한 대표파견 문제 등이 중요하게 논의되었다.

한인사회당은 조선 국외에서 군중운동의 고조에 의해 초래된 새로운 정세에 대응하여 러시아 내 이주민사회에서 군사·선전 활동에 중점을 두던 것으로부터 조선혁명 전체를 조감하는 방향으로 활동의 축을 변화시켰다.

이 대회에서는 다음과 같은 결의안을 채택하였다.

① 한인 사회주의단체 간의 조정위원회를 설치하고 그 본부를 블라디보스토크에 둔다.

② 노령 내의 무장단체들의 단일한 지위체계를 세우며 만주·국내의 무장부대와 연계를 가진다.

③ 신문·잡지에 의한 선전 활동을 강화한다.

④ 대한국민의회를 부인한다.

⑤ 대한국민의회의 책임 있는 지위에 있는 모든 당원은 그들의 지위에서 사임한다.

⑥ 임시정부에 당원을 참가시키지 않는다.

⑦ 파리강화회의 파견대표의 소환을 위한 선전 활동을 강화한다.

⑧ 중앙소비에트정부 및 코민테른과 관계를 가지기 위하여 대표단을 파견한다.

한인사회당의 위원장인 이동휘는 1919년 5월 초순 연해주 니콜스크

부근에서 당시 혼춘현에 본부를 두고 있던 무장단체인 신민단의 단장 김규면과 회담하였다. 이들은 회담 결과 두 조직의 통합을 선언하고 다음과 같은 사항을 발표하였다.

① 한인노동자들의 정상적인 정신적 발전을 위해 조선을 일본제국주의의 압제와 자본주의적 착취로부터 해방시키는 것이 필연적이다.

② 일본과 조선의 노동자들의 이익은 동일하며 두 나라의 혁명조직들 간에 관계가 필요하다.

③ 조선노동자들은 혁명적 마르크스주의 정신으로 교육시키는 것이 필요하다.

④ 소비에트권력을 권력의 합목적적인 형태로 인정한다.

여기에서 한인사회당은 신민단과 통합한 후 민족해방운동에 최우선 과제를 설정하고 국제주의의 필요성 및 중앙소비에트정부의 절대적인 지지 등을 내세우고 있음을 알 수 있다. 그리하여 신민단의 보강으로 당의 체제를 정비한 한인사회당은 신민단의 본부를 블라디보스토크로 옮기게 하여 군사조직으로 활용함과 동시에 중앙소비에트형 정부형태를 지향하고 반일무장투쟁을 전개하려 하였다.

이동휘를 비롯한 한인사회당의 주도세력들은 당의 최우선 과제인 민족해방운동을 달성하기 위한 최선의 방법은 오직 중앙소비에트정부 및 코민테른으로부터 지원을 받는 길이라고 생각하였다. 그리하여 레닌정부에 박진순·박애·이한영을 파견하기로 결정하였다. 또 국제주의에 입각한 극동의 진보세력과 연합하기 위하여 일본·중국 등에도 대표단을 파견하였다. 일본에 파견된 대표는 누구인지는 모르나 당시 일본의 사회주의자들은 불법적인 상태에 있었고, 조선의 혁명운동을 실제로 도울 수 없는 상태에 있었다고 한다. 중국에는 1919년 5월 이동휘가 파견되어 광둥에서 쑨원과 면담했다고 하는데 그 내용은 알려져 있지 않다.

1919년 6월 말 기대를 모았던 파리강화회의가 실망 속에 종결되자 국내외 독립운동의 분위기는 일시적인 침체 현상을 보였다. 또 임시정부적 기관을 자처하며 고립·분산적으로 운동을 전개하던 상해 대한민국임시정부·대한국민의회를 비롯한 제독립운동 세력의 통일을 요구하는 내외의 여론이 고조되어 갔다.

이에 따라 3·1운동 이후 상해 대한민국임시정부와의 통합에 적극적이었던 대한국민의회는 8월 30일 의원총회를 개최하여 상해 대한민국임시정부와 통합을 선언함과 동시에 한성정부를 봉대하기로 결정하고 해산을 선포하였다. 이때 상해 대한민국임시정부·대한국민의회와 대립되는 친러시아적 노선을 견지하면서도 대한국민의회 군무부의 부장으로 있던 이동휘의 영향력이 크게 작용했다고 한다. 3·1운동 이후 이동휘는 항일독립운동에 있어서 독립운동단체 간에 대립함은 득책이 아니라고 인식하였던 것 같다.

대한국민의회가 해산을 결의하게 된 배경은 상해 대한민국임시정부 대표로 현순·김성겸이 가져온 협상안을 수락하였기 때문이었다. 이 협상안은 대한국민의회와 상해 대한민국임시정부 임시의정원을 일체 취소하고 한성정부를 봉대하여 새로운 국회가 소집된다는 것이었다.

따라서 대한국민의회 주도인물들은 상해 대한민국임시정부와 대등한 통합이 이루어질 것으로 판단하고 상해로 출발하였는데, 먼저 이동휘가 국무총리로 취임하기 위하여 자기를 추종하는 김립·남공선·오영선 등 한인사회당 세력을 이끌고 1919년 8월 30일 블라디보스토크를 출발하여 9월 18일 상해에 도착하였다. 이어서 문창범·박은식 등이 상해에 속속 도착하였다.

이들이 상해에 와서 보니 협상안과는 정반대로 임시의정원은 해산이 안 되어 있고 오히려 임시헌법개정안·임시헌법개조안을 가결·통과시켜 상해 대한민국임시정부의 개조작업을 완료하고 있었다. 이에 이들은 상해 대한민국임시정부 측이 대한국민의회 측을 기만하여 "한성정부를 승인 또는 봉대하자 하고 그 실은 개조를 하였다."고 비판하였다.

대한국민의회와 상해 대한민국임시정부 사이에 승인·개조 분쟁이 야기되자, 국무총리에 선임된 이동휘는 9월 18일 상해에 도착하였으나 분개하여 곧바로 취임하지 않고 위임통치 청원 문제를 거론, 이승만을 독립정신이 불철저한 "썩은 대가리"라고 공격하며 이승만 밑에서 국무총리가 될 수 없다고 고집하였다.

이와 같이 승인·개조의 분쟁이 야기되는 가운데서 대한국민의회 주도인물들은 상해 대한민국임시정부의 참여를 거부하였는데 이동휘는 참여하기로 결정하였다. 이동휘가 상해 대한민국임시정부에 참여하기로 결정한 이유는 다음과 같다.

첫째, 이동휘의 유일한 목표는 오직 일제와의 전면전쟁이었는데 이 전쟁은 러시아가 지원하여 줄 때 가능하다고 믿고 있었다. 따라서 러시아의 지원을 받으려면 상해 대한민국임시정부라는 큰 간판이 필요하였기 때문이다. 이러한 생각 때문에 이동휘는 상해 대한민국임시정부 참여조건으로 공산주의 선동과 선전을 위한 출판 활동을 상해 대한민국임시정부 측에 요구하였다고 한다.

둘째, 대국大局을 파괴하지 않으려는 이동휘의 통합 지향적 성향과 더불어, 안창호를 비롯한 상해 대한민국임시정부 요인들이 국권회복을 위한 계몽운동기에 같이 활약한 동지들이기에 그에 대한 동지의식도 크게 작용하였다.

셋째, 당시 노령 지역 사정이 일본군이 주둔하여 공산주의운동을 탄압함으로써 러시아 공산당 각 지부는 지하활동으로 옮겨가지 않을 수 없었기 때문이다.

넷째, 공산주의운동이 민족부르주아지에 대한 투쟁이 아니라 농업혁명에 있다는 태도 변화와 일반 대중의 여론을 수용하는 대중성 확보를 필요하였기 때문이다.

이동휘가 대한국민의회의 입장과는 달리 상해 대한민국임시정부에 참여하자, 노령 지역의 한인들은 이동휘를 매명분자賣名分子·변절자·배신자로 성토하였다. 또 대한국민의회는 군무부 책임자인 이동휘가 "무주장無主張·무정견無政見·무신의無信義"하게 상해 대한민국임시정부에 참여하였다고 성토하였다. 이리하여 이동휘는 노령 지역에서 크게 신망이 떨어졌는데 이것을 계기로 대한국민의회와 심히 반목하게 되었다. 이후 문창범·최재형 등은 대한국민의회를 재건하고 상해 대한민국임시정부와 반목하게 되었는데, 이러한 분쟁의 시작은 초기 한인 공산주의운동에 있어서 상해파 고려공산당과 이르쿠츠크파 고려공산당의 파벌투쟁을 일으키는 단서가 되었다.

상해 대한민국임시정부 참여를 결정한 이동휘는 1919년 10월 28일 안창호·여운형·이동녕·이시영·신규식 등 각부 총장들 및 임시정부 요인들과 최초로 시국 문제 해결을 위한 회합을 가졌다. 이때 이동휘가 레닌정부에 원조를 요청하자고 하자, 안창호·이시영·신익희 등이 강경하게 반대하였다. 이들은 "미국에서 차관을 얻어야 한다."고 주장하였다.

이동휘는 "미국에서 차관을 구하면 조선의 이권을 저당잡혀야 하지만 러시아 혁명정부는 조건 없이 지원을 해 준다."고 하였다. 이에 대해 안창호는 "러시아 혁명정부는 부도덕한 정권이다. 레닌정부는 제정러시아가 진 빚을 모두 무효화하였다."고 반박하였다. 이동휘는 "제정러시아가 진 빚은 왕이 호사·사치하는 데 쓴 돈이기 때문에 인민정부가 들어선 지금에는 오히려 안 갚는 것이 당연하다."고 하였다. 이러한 대립에도 불구하고 임시정부는 한국독립의 원조를 교섭하기 위하여 여운형·안공근·한형권 등 3인의 사절단을 레닌정부에 파견하기로 결정하였다.

1919년 4월 25일 한인사회당은 대표자대회를 개최하여 중앙소비에트정부 및 코민테른과 관계를 가지기 위하여 대표단을 파견한다는 결의안에 따라 한인사회당 대표로 박진순·박애·이한영 등 3인의 대표단을 모스크바에 파견하였다. 그러나 박애는 병으로, 이한영은 개인적인 사정으로 인하여 가지 못하고 박진순만이 1919년 중반경 모스크바에 도착하였다.

모스크바에 도착한 박진순은 한인사회당의 조직 배경과 당대회 결과보고서 및 당원명부를 국제공산당집행위원회에 제출하였으며, 한인사회당의 국제공산당 가입 사실은 러시아정부의 성명을 통하여 대외에 알려졌다. 이때 그가 코민테른에서 행한 보고 중의 하나가 『공산주의 인터내셔널』(1919년 7·8월호)에 게재된 논문 「한국에서의 사회주의운동」이었다. 박진순은 이 논문에서 한인사회당이 '토착부르주아지와 귀족들과의 관계를 결정적으로 파기하고 계급투쟁의 강령'을 채택한 것을 자랑스럽게 보고하고 있다. 동시에 그는 국제주의라는 낙관론에 기초하여 '일본 및 중국의 사회 민주주의자들과의 형제적 협동'을 기대하고 있다.

이후 박진순은 따뜻한 환대를 받았으며 코민테른으로부터 선전비 명목으로 자금을 제공받았다. 박진순은 그 보답으로 소련정부와 협정을 맺었는데, 그 내용은 한인사회당이 한국의 해방과 공산주의의 대의를 위하여 헌신하겠다는 것이었다. 이때 받았던 자금의 액수는 자료에 따라 400만 루블, 40만 루블, 다액의 선전비 등으로 나타나고 있다.

자금을 휴대한 박진순은 1919년 8월 5일 모스크바를 출발하여 9월 10일 이르쿠츠크에 도착하였다. 그러나 이때 극동의 정세는 많은 변화를 거친 뒤였다. 즉 이동휘가 김립·오영선 등 측근자를 대동하고 상해 대한민국임시정부의 국무총리로 부임하게 되자, 한인사회당의 중심부도 상해로 옮겨갔으며 시베리아에서의 한인사회당의 존재는 희미해졌다.

박진순이 도착하자 김철훈·오하묵 등은 전로한인공산당의 정통성을 주장하며 박진순이 코민테른으로부터 받은 자금을 탈취하였다. 이들은 러시아에 있으면서 러시아에 귀화하지 않은 한국인은 모두 한국의 독립을 위해 애쓰고 있는 민족주의자이지 공산주의의 대의를 위해서 힘을 쓰는 것이 아니라고 하였다. 또 비귀화 한인은 한국독립의 달성 수단으로 공산주의를 이용하고 있기 때문에 부르주아 민족주의자라고 비난하였다.

김철훈 등은 이동휘를 기회주의자라고 비판함과 동시에 조선의 전위당은 자신들의 당이라고 주장하면서 박진순이 휴대한 자금은 당연히 전로한인공산당에서 차지해야 할 성질의 것이라고 강박하였다. 자금을 강탈당한 박진순은 빈손으로 1919년 11월 초순 상해에 도착하였다.

상해에 도착한 박진순은 이동휘에게 이르쿠츠크 사건에 대하여 보고하였다. 이에 격분한 이동휘는 박진순에게 이르쿠츠크당의 코민테른 자금 탈취에 대해 규탄하는 탄원서와 상해 대한민국임시정부는 한인사회당의 정부이고 한인사회당은 공산주의를 위해 심신을 바친다는 서약서를 작성하여 다시 모스크바에 가도록 하였다. 박진순은 바로 탄원서와 서약서 2통의 서신을 가지고 모스크바로 떠났는데, 뒤이어 한형권도 모스크바로 출발하였다.

이와 같이 이동휘는 코민테른 앞으로는 공산주의 이론에 밝은 박진순을, 레닌정부 앞으로는 정치적 수완이 있는 한형권을 각각 보내어 시국문제 해결을 위한 방편으로 러시아의 신임과 원조를 확보하기 위하여 노력하였다.

박진순은 1920년 1월 중순 모스크바에 도착하였다. 박진순은 그해 7월 19일부터 8월 7일까지 개최된 코민테른 제2차대회에 고려공산당 대표의 자격으로 참석하여 결의권을 행사하였다. 또한 박진순은 대회에서 선출한 19명으로 구성된 제3국제공산당 집행위원회에 극동대표로 선발되었다.

이 대회에서는 극동정세와 코민테른의 근본임무, 프롤레타리아에 의한 권력획득 전후의 공산당의 역할과 구성, 노동조합과 공장위원회, 민족 문제와 식민지 문제, 농민 문제, 중간주의 신조류에 대한 태도와 코민테른의 가입조건 등이 중요의제로 부각되었는데 특히 노동조합운동, 사회주의, 농민 문제, 국제당의 임무, 민족 및 식민지 문제, 합동조건 등 6개의 분과위원회를 구성하고 토의를 진행하였다.

한형권은 모스크바 도착 후 카라한과 외무상인 지체린을 여러 번 만났고 드디어 레닌과도 만났다. 한형권은 레닌에게 다음의 4가지 조건을 제시하였다.

① 노농로서아정부는 대한민국임시정부를 승인할 것,

② 우리 한국독립군의 장비를 적위군赤衛軍과 일양一樣으로 충실하게 하여 줄 것,

③ 우리는 독립군을 크게 양성하여야 할 터인데 지휘사관指揮士官이 부족하니 시베리아 지정 장소에 사관학교를 설치하여 줄 것,

④ 우리 상해정부에 독립운동자금을 거액으로 원조하여 줄 것 등이 었다.

이어서 한형권은 한국과 소련이 악수하여 공동의 적인 일본을 타도하자고 하였다. 레닌은 처음부터 한형권을 호의적으로 맞이하였다. 그리고 한형권의 4가지 조건 제시에 대하여 다음과 같이 응답하였다.

제국주의 군국주의 일본을 타도함이 없이는 아시아 제 민족의 자유와 행복이 없을 것을 잘 안다. 그리고 조선에는 무산계급적 사회혁명이 필요한 것이 아니라 이때는 오직 민족해방운동 즉, 독립운동만이 필요한 것이다.

그러기에 한국의 독립운동에 전력全力으로 찬성하며 원조하겠노라.

이렇게 말한 후 레닌은 한형권이 제시한 4개조를 전적으로 수락하였다. 그리고 제4조항과 관련하여 한국의 독립을 지원하기 위한 보조금으로 200만 루블을 원조하기로 약속하였다. 한형권은 레닌이 원조하기로 한 200만 루블 가운데 먼저 60만 루블을 받았다. 한형권은 금화 20부대씩 7상자로 나누어 수령한 60만 루블 중 20만 루블은 레닌정부 외무부에 맡기고 운반 가능한 40만 루블만 휴대하여 귀환길에 올랐다.

그 후 레닌정부와 한국임시정부 사이에 협정이 체결되었다고 하는 설이 나돌았는데 그 내용은 다음과 같다.

① 한국정부는 공산주의를 채택하고 그 목적을 수행하기 위한 선전 활동을 전개한다.

② 소련정부는 아시아에 있어서 평화를 수립하기 위하여 한국의 독립 활동을 지원한다.

③ 시베리아에 있어서의 한국군의 훈련과 결집은 허용될 것이며 필요한 군사보급이 소련정부에 의하여 제공된다.

④ 시베리아의 한국군은 소련정부에 의하여 지정된 러시아군사령부에 예속될 것이며 시베리아에 주둔하고 있는 일본군에 대한 장차의 작전에 있어서 소련정부와 공동행동을 취한다.

⑤ 한로공동국韓露共同局이 이상의 사무를 관리하기 위하여 설치된다. 동국요원同局要員은 양국정부에 의하여 임명한다.

⑥ 한국정부에 의하여 수취受取되는 군사보급과 기타 원조는 장차 적

당한 시기에 보상된다.

이와 같이 한형권은 성공적인 대소외교 활동을 전개하는 한편, 1920년 6월 28일에 개최된 제3차 전로중국노동자대회全露中國勞動者大會에도 참가하였다. 한형권의 전로중국노동자대회 참가는 한국민족해방의 문제를 중국과 일본의 문제와 밀접하게 결합하려 했던 것으로 보인다. 전로중국노동자대회의 중국 측 의장이 한인혁명가에 대한 환영사를 하자 상해 대한민국임시정부를 대표하여 한형권이 환영인사에 답하였다.

대한민국임시정부 초대 국무총리 이동휘

1919년 11월 3일 내무총장 이동녕, 법무총장 신규식, 재무총장 이시영, 노동국총판 안창호 등과 함께 상해 대한민국임시정부 국무총리로 취임한 이동휘는 만주 지역 독립운동 단체에 대한 공산주의 선전을 정력적으로 전개하면서 그들과 연계를 가지려고 노력하였다.

또한 1919년 3·1운동 이후 국내진입전을 전개하여 성과를 올렸던 홍범도의 대한독립군부대도 이동휘와 타협을 이루어 무기를 공급받기로 하고, 상해 대한민국임시정부 봉대의 뜻을 밝혔다. 여기에 서간도의 여러 독립운동 단체들도 상해 대한민국임시정부에 윤기섭을 파견하고 타협안을 제출·협의하여 임시정부 통치하에 들어가기로 하였다.

또 이동휘는 이용을 상해 대한민국임시정부 북로군사령관으로 임명하여 간도로 파견하였다. 1920년 말 일본군의 대토벌에 의하여 간도의 독립군이 밀산을 거쳐 시베리아 이만으로 이동할 때 이동휘는 긴급구호

상해 대한민국임시정부 청사

금 2만 원을 보내어 이들을 위로하였다. 이것으로 볼 때 이동휘의 무장 항일독립군에 대한 관심과 지원은 대단했음을 알 수 있다.

이동휘의 오랜 세력 기반이며 독립군에 의한 국내진입전의 근거지였 던 북간도에는 대한국민회 회장 구춘선 앞으로 서신을 보냈는데, 그 서 신에는 볼셰비키인 레닌정부와 밀접한 제휴로 항일독립운동을 추진하 자는 이동휘의 생각이 담겨 있다. 그 내용의 일부분을 소개하면 다음과 같다.

상해 임시정부 대표 이용이 북간도에 도착하면 대한국민회는 그가 가지고 간 10만 원 상당의 공채표 중에서 4만 원을 그에게 대여하기를 바란다. 나

대한민국임시정부 신년축하회

중에 상세한 소식을 주겠지만 레닌정부 측 파견인물과 직접 약속이 있는 바 이르쿠츠크 이북 지방을 근거지로 삼고, 사관 양성에 착수하는 동시에 비행기·대포 등 무기를 준비하여 볼셰비키군과 제휴하여 최후 작전할 계획이다.

이와 같이 이동휘는 일제에 대해서는 즉각적인 군사행동를 주장했고 이러한 군사적 행동에 있어서 원조를 기대할 수 있는 유일한 상대는 레닌정부밖에 없다고 인식하였던 것이다. 1919년 4월 수립되었으나 독립운동세력의 통일에 실패하였던 상해 대한민국임시정부는 이동휘의 참여로 통합정부로서의 권위와 독립운동의 최고기관으로서 지위를 어느 정도 확보하기에 이르렀다.

상해 대한민국임시정부 국무총리 취임 후 박진순·한형권 등을 코민테른·레닌정부에 파견하여 대소외교에 치중하였던 이동휘는 1920년 2월부터 이승만 퇴진운동을 전개하였다. 이동휘는 이승만의 친미외교 독립 노선을 비판하고, 소비에트 러시아와 관계 강화에 의한 무장투쟁론에 근거하여 임시정부의 시베리아 이전과 전면적인 개편을 주장하였다.

이 퇴진운동은 윤현진·김립 등의 임시정부 차장급과 정인과·김희선·이규홍·김철 등 비서장 등이 동조하여 같은 해 5월 이승만 불신임안을 제출하기에 이르렀다. 하지만 이동녕·신규식·이시영·안창호 등 친이승만 기호파들에 의하여 거부됨으로써 이동휘는 동년 6월 전격적으로 국무총리직을 사임하였다. 그러나 김립이 이동휘에게 보낸 편지가 안창호에게 발각되어 문제가 제기되자, 이동휘는 사태를 수습하고자 동년 7월 말 다시 국무총리직에 복귀하였다.

이와 같은 상황 속에서 박진순·한형권 등의 대소외교 성과가 김만겸·이한영 두 사람을 통하여 상해의 이동휘를 비롯한 한인사회당 지도부에 전달되었다. 먼저 김만겸은 노령 대한국민의회 부의장이었는데, 1920년 4월 일제의 블라디보스토크 소탕전인 4월 참변을 피하여 시베리아를 배회하다가 강한택과 함께 코민테른 선전원으로 선임되었다. 김만겸은 소련정부 선전원인 박군팔로부터 소련정부가 상해 대한민국임시정부와 조선국민에게 보내는 두 통의 편지를 전달받았다.

한 통은 소련정부가 상해 대한민국임시정부에 다대한 동정을 보내며 충분히 원조하고 승인할 것임을 약속하는 내용이었고, 또 한 통은 소련 정부가 한인을 동정할 것이며 한인들도 볼셰비키 사상을 선전하여야 한 다는 것이었다. 이와 같은 결과는 한형권의 대소외교 활동의 성과로 보 인다. 어쨌든 김만겸은 코민테른 선전원의 자격으로 코민테른 극동국의 책임자로 선임된 보이틴스키Gregorii N. Voitinskii와 함께 1920년 5월 초 상 해로 왔다. 이때 김만겸은 공산주의 선전자금 4만 원을 휴대하고 있었으 며 강한택도 동행하였다.

김만겸은 상해 도착 후 두 통의 소련정부 공식서한을 상해 대한민국 임시정부에 전달하였고, 공산당 조직과 선전 활동 등 자신의 임무에 나 섰다. 그는 먼저 이동휘·김립 등 한인사회당 간부들에게 8천 원의 돈 을 지원하여 『신대한독립보』를 발간하게 하였으며, 자신은 최창식 등과 『공산』이라는 간행물을 발행하는 한편 『공산당 선언』을 번역하여 발간 하는 등 공산주의 선전에 주력하였다. 또한 상해 지역 독립운동가 유력 자회의를 개최하여 보이틴스키와 여운형의 회담을 성사시켜 여운형이 이동휘 등의 한인사회당 그룹에 가담하는 데 일정한 역할을 하였다.

한편 이한영은 1919년 4월 25일 한인사회당이 대표자대회를 개최하 고 모스크바에 대표단을 파견하기로 결정하였을 때 선발되었던 3인의 대표 중 한사람이었다. 박진순·박애·이한영 등 3인 대표단 중 박애는 병으로, 이한영은 개인적인 사정으로 모스크바에 가지 못하고 박진순만 이 모스크바에 파견되었는데, 이후 이한영은 박애와 함께 모스크바에 도착하였다. 이들은 당시 모스크바에서 활약하고 있던 박진순·한형권 등을 만난 것으로 보인다.

이한영은 1920년 4월 중순 모스크바를 출발하여 상해로 오는 도중에 이르쿠츠크에 들러 동년 7월 7일부터 15일까지 개최된 고려공산단체 대표자대회에 한인사회당의 대표로 참석하였다. 이한영은 발언권과 결의권을 갖는 12인의 정식대표자의 일원으로 회의에 참석하여 이르쿠츠크 공산당과의 통합 문제를 논의하였다.

1920년 8월 초 이한영이 상해에 도착하자, 이동휘는 이한영·김립·김만겸 등 한인사회당 간부들과 협의하여 한인사회당의 명칭을 고려공산당(한인공산당)으로 개칭하였다. 이동휘는 개편된 고려공산당의 중앙위원으로 선출되었다.

상해 고려공산당의 주된 활동목표는 공산주의 조직의 확대·강화와 유세와 출판을 통한 마르크스주의 선전, 그리고 독립전쟁을 위한 무력준비 등이었다. 먼저 마르크스주의 선전을 위하여 중앙위원회 산하에 선동출판부와 문화계몽부를 설치하였다. 출판부는 『공산당 선언』(2만부), 『거미와 하루살이』(5천 부) 등의 팸플릿을 발간하였으며, 신문 『신생활』, 잡지 『공산』을 5천 부씩 발행하였다. 또 출판부는 상해 이외 지역에 대한 선전사업을 위하여 5인의 선전선동원을 파견하였는데 조선·일본에 각 1인, 중국령에 3인이 파견되었다. 문화계몽부는 자그마한 공산주의 도서관을 운영하면서 당원과 후보자들 그리고 노동자들의 출입을 허용하였다.

또한 상해 고려공산당은 이르쿠츠크 공산당과의 통합 문제를 협의, 담당할 대표로 김립·계봉우·이한영 등을 선정하였는데, 이들은 이르쿠츠크 공산당과의 통합 문제 이외에도 코민테른에 당 조직을 보고하는 임무도 있었다.

한편 레닌정부의 200만 루블 원조금 중 운반 가능한 40만 루블을 휴대하고 상해 귀환길에 올랐던 한형권은 이 돈을 박진순과 함께 치타Chita로 운반하였다. 이들은 치타에 마중 나와 있던 김립을 만나 한형권은 나머지 돈 160만 루블을 수령하기 위하여 모스크바로 돌아가고, 박진순은 김립과 함께 상해로 귀환하였다. 김립과 박진순은 한인사회당 당원인 이태준·조응순 등의 도움으로 무사히 40만 루블의 돈을 상해로 운반하였다.

이 돈은 1920년 12월 상해에 도착하였는데, 먼저 이 자금으로 이동휘는 1921년 1월 10일 각지 구 한인사회당 대표자대회를 개최하여 예비회담을 갖고 동년 5월 20일에는 고려공산당 대표자회의를 개최하였다. 이동휘는 한인 공산주의자들을 통합해 통일고려공산당統一高麗共産黨(일명: 상해파 고려공산당)을 창당하고 나면 임시정부의 주도권 장악은 오히려 쉽다고 생각한 것 같다.

이 회의에는 이동휘 등 한인사회당 대표들과 조선 국내 대표로 김철수 등 사회혁명당 당원들이 참석하였으며, 이 외에 시베리아 빨치산파의 대표와 남북만주의 독립운동 단체 대표들이 남경·북경 등지에서 모여들었다. 이 회의에서는 이동휘를 중앙위원장으로 선출함과 동시에 당선언과 강령·당칙을 제정하여 일명 상해파 고려공산당을 정식으로 출범시켰다.

모스크바에서 도착한 레닌정부의 자금으로 상해파 고려공산당을 결성하여 당 선언 및 강령을 발표하는 등 조직을 정비하였던 이동휘는 이 자금을 가지고 간도·만주 방면을 대상으로 공산주의 선전 활동도 전개하였다.

특히 이동휘는 상해 대한민국임시정부 내의 요인들에게도 사회주의 선전을 하고 있는데 그 단적인 예가 김구와 만남에서 이루어지고 있다.

하루는 이동휘가 내게 공원에 산보 가기를 청하기로 따라갔더니 조용한 말로 자기를 도와 달라 하기로 나는 좀 불쾌하여서 내가 경무국장으로 국무총리를 호위하는데 내 직책에 무슨 불찰이 있느냐고 물었다. 이 씨는 손을 흔들며 그런 것이 아니라 대저 혁명이라는 것은 피를 흘리는 사업인데 지금 우리가 하고 있는 독립운동은 민주주의 혁명에 불과하니 이대로 독립을 하더라도 다시 공산주의 혁명을 하여야 하겠은즉 두 번 피를 흘림이 우리 민족의 대불행이 아닌가 그러니 "적은이(아우님이라는 뜻으로 이동휘가 수하 동지에게 즐겨 쓰는 말)도 나와 같이 공산혁명을 하는 것이 어떤가?" 하고 내 의향을 묻는 것이었다.

이에 대하여 나는 이 씨에게 "우리가 공산혁명을 하는 데 제3국제공산당의 지휘와 명령을 안 받고도 할 수 있습니까?" 하고 반문하였다. 이 씨는 고개를 흔들며 "안 되지요." 한다. 나는 강경한 어조로 "우리 독립운동은 우리 대한민국 독자의 운동이요 어느 제3자의 지도나 명령에 지배되는 것은 남에게 의존하는 것이니 우리 임시정부 헌장에 위반되오. 총리가 이런 말씀을 하심은 대불가니 나는 선생의 지도를 받을 수가 없고 또 선생께 자중하시기를 권고하오." 하였더니 이동휘는 불만한 낯으로 돌아섰다.

이와 같이 만주 지역에서 상해파 고려공산당의 사회주의 선전 활동 결과로 당원들이 증가되었다. 당의 역량이 최고도에 달했을 1922년 말경에는 1,250명의 당원과 3,220명의 후보당원, 1,500명의 청년조직당원, 800명의 청년후보당원, 42명의 비밀당원 등 총 6,812명의 당원이 40개 지역의 지부에 흩어져서 활동하였다고 한다. 특히 일본 정보문서는 약간 과장되었지만 1921년 가을까지 만주와 시베리아에 있는 한인 중 약 15만 명이 볼셰비키 선전에 감염되었다고 추정하였다.

이러한 점을 볼 때 어쨌든 이동휘가 이끄는 상해파 고려공산당이 만주와 시베리아 지역의 사회주의를 선전하고 전파하는 데 있어서 매우 중요한 역할을 수행한 것은 명백한 사실이라 하겠다.

평소 이동휘는 상해 대한민국임시정부를 실제 독립운동의 최고 지휘기관으로 만들기 위해서는 모든 임시정부 요인들이 그들의 힘을 가장 크게 발휘할 수 있는 곳에서 독립운동을 전개해야 한다고 생각하였다. 즉, 김규식은 외교원으로서 모스크바에 주재하면서 대소외교를 전담하고, 이동녕과 이시영은 만주에서, 이동휘 자신은 노령에서 무장항일투쟁을 전개하고, 안창호·이승만은 북미·하와이 지역에서 대미외교에 의한 독립운동을 추진해야 한다고 생각하였다. 그리고 중국 중심부인 북경에서는 신채호가 역사편찬 작업을 하고, 남형우·노백린은 중국의 지원을 받아 무관학교를 건립하여 독립군을 양성해야 된다고 생각하였다.

따라서 상해 대한민국임시정부는 최고간부와 각 지역을 연락하는 연락원 약간 명만 상주하면서 각 지역의 보고와 일을 종합·지시 또는 조정하는 역할만 수행하자는 것이었다. 그리하여 모스크바로부터 온 레닌정부의 자금은 조직을 정비하고 사회주의 선전을 전개하면서 자파세력 확대에 주력하는 한편 이러한 이동휘의 구상에 따라 쓰였다.

　김원봉의 의열단에 가장 많은 돈이 지출되었고, 김규식에게는 모스크바 주재를 위한 여비와 주재비가 지불되었다. 이동휘 자신도 썼고 북경에 있는 남형우에게는 무관학교 건립비가 지출되었으며, 신채호에게도 역사편찬비 명목으로 지불되었다. 북만주와 연해주에서 활동하던 조응순·이호반·최동욱·최계립 등에게는 모험파를 양성하라고 돈이 지출되었고, 김두봉·이극로 등에게는 중로한회화저작비中露韓會話著作費가 지출되었다.

　이와 같이 레닌정부의 자금은 안 나간 곳이 없었으므로 상해 대한민국임시정부에서 이 돈을 안 쓴 사람은 거의 없었다고 한다. 레닌정부로부터의 자금원조를 강력히 반대하였던 안창호·신익희 등도 안 쓰는 척하며 역시 많이 썼다. 유일하게 레닌정부의 자금을 쓰지 않은 사람은 이시영뿐이었다.

　이동휘는 레닌정부의 자금으로 일본·중국·국내의 공산주의자들에 대해서도 재정상의 원조를 하였다. 왜냐하면 이동휘는 상해파 고려공산당을 구심점으로 일본 및 중국 공산주의자들과 결합하여 동아시아의 공산주의운동을 통일적으로 지도·장악하면서, 반대 파벌인 이르쿠츠크파가 의존하던 코민테른 극동비서부의 권위에 대항하려고 했기 때문이다. 따라서 일본·중국·국내의 공산주의자들에 대한 원조로, 이들과 공동의 협력하에 조직된 것이 동양총국(또는 동아공산당연맹)이었다.

　일본과의 최초의 접촉은 이동휘의 추종자이며 한때 임시정부 군무차장을 지낸 일본 중앙대 졸업생 이춘숙이 공산주의를 전파할 목적으로 1920년 6월 상해에서 동경으로 오면서 이루어졌다. 이춘숙은 명치대 학생인 이증림과 빈번하게 회합을 갖는 가운데 일본의 저명한 무정부주의자 오스기 사카에大杉栄와 협조하여 선전기관의 설치 가능성에 대하여 토의하였다.

이춘숙은 1920년 8월 상해로 돌아갔으며, 오스기 사카에는 상해파 고려공산당의 초청으로 같은 해 10월(12월이라고도 함) 상해로 갔다. 그는 여기에서 이동휘·여운형 등 많은 한인 공산주의자들을 비롯하여 중국의 공산주의자인 천두슈陳獨秀를 만났고, 코민테른 상해 책임자인 보이틴스키도 만났다. 결국 그는 약간의 자금(5,000엔)을 받았고 일본에 돌아온 후 무정부주의 기관지『노동운동勞動運動』을 재발간하는 데 상해에서 받은 자금을 사용하였다. 오스기 사카에는 계속 무정부주의자로 남았고, 오히려 점차 레닌정부를 공격하기 시작하였으며 1922년에 들어서는 그 공격이 고조되었다.

1920년 이동휘와 이춘숙으로부터 수천 엔의 자금을 받았던 이증림은 오스기 사카에와의 접촉이 실패로 돌아가자, 일본의 노련한 사회주의자인 야마가와 히도시山川均와 사카이 도시히코堺利彦에게로 관심을 돌렸다. 그러나 이들은 상해로 가려 하지 않았다.

그러자 이증림은 최근에 미국에서 돌아온 학생으로 뉴욕에서 공산주의에 심취하게 된 곤도 에이조近藤榮藏에게 접근하였다. 곤도 에이조는 1921년 4월 상해로 왔는데 이때의 모든 일을 그의 저서인『코민테른의 밀사』라는 책에 자세히 기술하고 있다. 먼저 그는 상해에서 13명으로 된

집단을 만났는데 그들 대부분은 이동휘·김철수 등 한국인들이었고 한 사람은 중국인 황개민이었다. 곤도 에이조는 이 집단에게 일본공산당을 창당 운영하기 위해서는 매월 2만 원의 경비가 든다고 하였다. 그러자 이동휘·김철수 등은 그의 요청을 모스크바에 전해 주겠다고 약속하였다. 그리고 동시에 6,500엔(5,000엔은 달러, 나머지는 엔)이 즉시 지급되었다.

6,500엔의 돈 중 공산주의 운동비로 5,000엔, 곤도 에이조의 개인 비용으로 1,000엔, 그리고 오스기 사카에에 대한 증여금 및 치료비로 500엔이 할당되었다. 일본으로 돌아온 곤도 에이조는 이 돈으로 1921년 8월 동경에서 효민공산당曉民共産黨(일명: 동경공산당)이라는 비밀단체의 결성을 후원하였다. 이 단체의 핵심은 와세다早稻田대학의 급진적 학생단체인 효민회였다. 효민공산당은 가지각색의 포스터와 전단을 인쇄하였고 동경지구에서 추계군사훈련이 실시되고 있는 동안에 사병들에게 반군反軍전단을 살포할 특별계획을 세웠다.

이동휘는 일본에 이어 중국 공산주의운동에도 자금을 지원하였다. 먼저 이동휘는 북경대학 교수인 천두슈를 만나서 무정부주의보다 공산주의로 전환해 공산혁명운동에 힘써 보자고 설득하였다. 이에 천두슈는 승낙하고 바로 동지들을 규합하였다. 또한 이동휘는 황각(황개민) 일파를 만나서 설득하니 호응하였다. 황각은 일본 한인 유학생인 김철수·윤현진·장덕수 등과 신아동맹단新亞同盟團을 조직하여 일본제국주의 구축을 위하여 중국·조선·대만의 동지들이 연대투쟁을 벌일 것을 선언하였던 인물이다.

이 별도의 두 단체를 이동휘가 설득하여 서로 통합하게 하고 레닌정부의 자금을 지원해 줌으로써 중국공산당은 탄생하였다. 이동휘 일파가 중국 공산주의운동에 지원한 자금은 만 천 엔(혹은 2만 엔)이었으며, 이 때에 일본의 곤도 에이조가 상해에 와 있어서 김철수를 비롯 곤도 에이조·황각 등은 상해에 모인 것을 기회로 동아공산당연맹을 조직하였다. 또한 이동휘 일파는 김철수 등과 신아동맹단에서 활약한 대만인 팽혁영彭革榮의 중개로 대만공산당과도 접촉하였다.

상해파 고려공산당에 의한 레닌자금의 국내 유입은 1921년 7월 김철수에 의하여 이루어졌다. 국내에 도착한 김철수는 레닌정부의 자금 4만 5천 원(4만 8천 원, 또는 5만 원)을 일본 유학 시절 4번의 비밀결사를 같이 하였고, 당시 상해파 고려공산당 내지간부로 있던 장덕수를 만나서 국내 공산주의운동 지하조직 활동자금으로 유용하게 쓰라고 하였다.

그러나 장덕수가 거절하므로 김철수는 2·8독립선언의 주동자이며 상해파 고려공산당 내지간부인 최팔용을 만나 자금을 전달하고 상해로 돌아갔다. 최팔용은 이 돈으로 자동차를 몰고 다니고 요정에 출입하는 등 약간의 돈을 낭비하였지만, 자파의 세력부식을 위하여 충청도·경상도 등지에서 순회강연을 하고 조선청년회연합회의 기관지인 『아성我聲』을 4회까지 발행하였다. 그리고 1922년 1월 15일에는 레닌정부의 자금 1만 5천 원으로 신생활사新生活社를 창립하였다. 동년 3월에 잡지 『신생활』 창간호가 발행되고 자본금이 4만 원으로 증자할 정도로 사세가 확장되었는데 동년 11월에 이르러 '적화사상선전'의 필화사건을 일으켜 발매가 금지되었다.

고려공산당의 파벌투쟁

1920년 11월 제정러시아군을 어느 정도 전멸시켰던 레닌정부는 치타에 극동공화국極東共和國을 수립하였다. 이 정부는 외관상 독립국가를 표방하였지만 대외정책을 통하여 일본군의 철수 및 외국정부의 원조를 시도하는 등 실은 레닌정부의 러시아혁명을 수행하고 있었다. 따라서 극동공화국의 대통령은 레닌의 신임이 두텁고 노령 지역 온건파 볼셰비키의 대표적 인물인 크라스노체코프가 맡았다. 특히 크라스노체코프는 극동공화국 창설의 창안자였다고 한다.

기회를 보는 데 민첩한 이동휘는 박애·계봉우·장도정·권화순·조응순·김진·박창은 등을 치타에 파견하여 극동공화국 원동부의 한인부 장악에 적극적으로 나섰다. 전술하였듯이 이동휘의 대소외교 노선에 의하여 코민테른에서는 박진순이, 레닌정부에서는 한형권이 각각 대단한 외교성과를 거두었는데, 이들의 활약은 한인사회당 대표로 박진순과 함께 모스크바에 파견되었다가 병과 개인적인 사정으로 나중에 모스크바에 도착한 이한영·박애 등에게 알려졌고, 이한영에 의하여 상해에 전달되어 그 결과 고려공산당이 조직되었다.

상해의 고려공산당에서는 당 조직의 결과를 코민테른에 보고하기 위하여 김립·계봉우를 대표단으로 선출하여 모스크바에 파견하였는데, 이들이 치타에 도착하였을 때 대소외교성과로 레닌정부의 자금 40만 원을 갖고 상해로 오던 한형권·박진순·박애를 만났다. 여기에 모인 한인사회당의 간부들은 한형권·박진순·김립·박애·계봉우·장도정·권화순·조용순·김진·박창은 등이었다.

이들은 회의를 진행하여 한형권은 나머지 레닌정부의 자금을 가지러 모스크바로 돌아가고, 레닌정부의 자금 40만 원은 박진순과 김립이 상해로 운반하며, 박애·계봉우 등 나머지 인원은 극동공화국에 파견되어 동아총국을 조직, 중국·일본·한국에 공산주의를 선전하고 한국독립운동을 지원하기로 하였다.

그러나 이들의 활동계획은 극동공화국 내 원동부의 활동범위를 넘는다고 거부되었다. 그리하여 원동부 내의 한인부로 들어가게 되었다. 한인부를 장악한 박애는 상해 대한민국임시정부 극동공화국 주재 영사의 직함과 극동공화국 대통령으로 한인사회당 창당 시 구면舊面의 동지인 크라스노체코프의 후원으로 자파 세력 확장에 몰두하였다. 한인부의 목적은 고려군중에게 공산주의를 선전하여 장차 무산혁명으로 인도하려는 것이었다.

이러한 상황에서 1921년 1월 국제공산당 동양비서부가 극동공화국 영외 지역인 이르쿠츠크에 설립되었다. 동양비서부는 코민테른 기관으로 러시아혁명의 동점東漸에 따라 시베리아의 이민족 문제를 관할하기 위하여 설치되었다. 1919년 1월 귀화 한인에 의하여 조직되어 상해파 고려공산당과 대립관계를 유지하면서 1919년 9월 전로한인공산당을 조직하고 1920년 7월 전로고려공산당으로 개칭하였던 이르쿠츠크파 고려공산당은 동양비서부가 설립되자 그 산하 고려부로 흡수되었다. 대한국민의회는 이 당시 간부들이 공산당에 입당하여 실질적으로 이르쿠츠크파가 장악하였다.

동양비서부는 극동공화국 원동부의 역할을 인수함과 동시에 양 파의 통합과 단결을 촉구하고 시베리아 한인무장세력의 지휘체계를 단일화하는 데 그 중점을 두었다. 그리하여 맨 처음 양 파의 통합 문제가 제기되었다. 양 파는 통합대회 개최일을 똑같이 1921년 3월 1일로 정하였다.

상해파 한인부의 박애·장도정·계봉우·김진 등은 통합대회의 개최 장소를 치타로 정하여 놓고 극동공화국의 대통령인 크라스노체코프의 후원과 재정 지원을 받아 1921년 1월 이후 통합대회를 추진하였다. 이르쿠츠크파 고려부도 동양비서부의 책임자인 보리스 스미야스키의 후원과 막대한 자금 지원으로 남만춘·김철훈 등이 통합대회를 준비하였다.

사태가 이와 같이 되자 양 파는 원만한 시국 수습을 위하여 특별당원 회의를 소집하기로 하였는데, 상해파 한인부에서는 박애·박밀양·최성우, 이르쿠츠크파 고려부에서는 이성·김철훈 등이 참가하였다. 이들은 회의를 거듭하여 다음과 같은 2가지 사항을 합의하였다. 첫째 동양비서부와 한인부 양측의 타협에 의한 단일대회의 추진, 둘째 한인군대의 단일지휘체계 확립 등이었다. 합의사항에 의거하여 박애·김하석·최고려 등 양 파 핵심 간부들은 한인무장부대에 관한 문제를 교섭하기 위하여 극동공화국 정부에 출두하였다. 이 문제에 대하여 극동공화국 군무총장은 다음과 같이 답변하였다.

의회정부 중앙 명령에 대한 원조상 제반대책과 지휘는 국제공산당에서 직접 관계하게 되어 국제공산당 지부로 설립된 동양비서부가 이르쿠츠크에 있는 바 고려군대에 대하여서도 당 비서부에 인도하게 되었으므로 본 군부에서는 처리와 인도할 권리가 없다.

따라서 한인군대에 대한 지원·지도권이 극동공화국 원동부에서 동양비서부로 이관되었다는 사실은 당시의 상황을 급변시켰다. 통합대회는 3월에서 5월로 연기되었고, 보리스 스미야스키의 일방적 후원을 등에 업은 이르쿠츠크파는 1921년 5월 통합대회 준비위원회를 자파일색으로 조직함과 동시에 참가 대표들에 대한 자격심사권을 확보함으로써 상해파의 대회 참가 여지를 박탈하였다.

그리고 통합대회에서의 주도권을 장악하기 위하여 상해파 핵심 인물들에 대한 체포작업에 들어가 1921년 4월 상해파 대회소집 책임자들인 박애·계봉우·장도정·김진 등을 반혁명적 반당분자로 몰아 체포하여 이르쿠츠크로 압송하였다. 이들은 1921년 5월 말 이르쿠츠크 조선특별군사혁명법원에서 유죄판결을 받았다.

또한 군권 문제에 있어서도 이르쿠츠크파는 동양비서부와 협의하여 한인군대를 지휘할 정식의 고려군정회의는 5월에 개최될 통합대회에서 조직하기로 하고, 이르쿠츠크파 일색의 임시 고려군정회의를 조직함으로써 자유시로 집결하고 있는 한인군대에 대한 군권장악의 제도적 장치를 확보하였다. 또 군권장악의 수단으로 1921년 5월 15일 흑하 지방에 있던 김규면·이용·박일리아·박그레고리·한용운 등 상해파 군사지도자들에 대한 체포를 기도하기도 하였다.

이렇게 볼 때 1921년 3월 이후 지금까지 자금·조직력·교섭력에서 우위에 있던 상해파가 이르쿠츠크파와의 주도권 쟁탈전에서 치명적인 타격을 받게 되었음을 알 수 있다. 이것은 이 시기를 전후하여 보리스 스미야스키를 중심으로 하는 강경파 볼셰비키들이 크라스노체코프를 중심으로 하는 온건파 볼셰비키들을 압도한 결과로 보인다.

양 파의 통합대회 준비 과정에서부터 상해파의 참가를 철저히 배제한 이르쿠츠크파는 1921년 5월 4일부터 17일까지 이르쿠츠크에서 각지 64명의 대표들이 참가한 가운데 제1차 고려공산당대표대회를 개최하였다. 대회에서는 중앙간부로 남만춘·한명세·김철훈·김만겸·서초·장건상·이성·채성룡 등을 선출하고, 의장은 윤번제로 하였으며 사회주의혁명을 당면목표로 한 정강을 채택하였다.

그리고 6월 22일부터 7월 12일까지 모스크바에서 개최되는 코민테른 제3차 대회에 참가할 대표로 남만춘·한명세·서초·장건상·안병찬 등을 선출하여 대소외교에 주력함과 동시에 코민테른의 승인을 얻기 위하여 외교적 역량을 총동원하였다. 또한 대회 다음 날인 5월 18일에는 고려혁명군정회의를 조직하여 총사령관에 러시아인으로서 빨치산의 영웅인 갈란다라시빌리를 임명하고 군정위원에 유동열·최고려를 선임하여 동양비서부의 승인을 받아 한인부대의 군권장악에 대비하였다.

1920년 말경 김립·박진순 등이 40만 원의 레닌정부 자금을 상해로 가져왔을 때 김만겸의 돈은 이미 바닥나 있는 상태였다. 이러한 상황에서 한인사회당 세력을 제외한 김만겸·여운형 등은 레닌정부의 자금을 할당받는 데에서 의도적으로 무시되었다. 여기에 국내자금의 할당에 있어서 김만겸 자신이 생각하였던 인물에게 자금 지급이 안 되자, 김만겸을 비롯한 여운형·안병찬 등은 이동휘에게 레닌정부의 자금 사용 용도를 요구하였다. 그러나 자금에 대한 회계보고를 요청받은 이동휘는 이를 거부함과 동시에 김립 등 자신의 동료를 두둔하였다.

그리하여 김만겸·여운형·안병찬 등은 이때부터 결정적으로 이르쿠츠크파에 가담하게 되었다. 김만겸·안병찬 등은 1921년 5월 4일부터 17일까지 이르쿠츠크에서 개최된 제1차 고려공산당대표대회에 참석한 후 상해로 귀환하여 이르쿠츠크파 상해지부 및 고려공산청년회를 조직하고 반이동휘 전선을 규합하여 반이동휘투쟁에 앞장섰다.

고려공산청년회는 사회주의연구소라는 위장간판을 걸고 활동하였다고 한다. 특히 국무원 비서장 자리에 있다 김립에게 자리를 빼앗긴 최창식과 김만겸은 원동공산당의 실정을 조사하기 위하여 코민테른 파견원이 북경에 머물고 있다는 소문을 듣고 소주蘇州에서 회견하여 이동휘와 김립의 결점을 지적하고 악평을 가하였다.

동시에 이들은 자신들의 의견을 코민테른 파견원에게 전하였고, 이 파견원은 그 의견을 레닌정부에 그대로 보고하였다. 이 보고로 레닌정부는 이동휘 등의 상해파를 불신하게 되었고 약속된 200만 원의 원조자금 중 나머지 140만 원의 지출을 중지하였다고 한다.

1920년 말경 일제는 만주 지방의 독립군부대에 대한 대토벌 작전을 전개하여 이 지역 독립군들은 노령 지역으로 이동하였다. 1921년 봄, 독립군부대들이 부대가 재편성되고 통합되어 36개의 상이한 조직이 참가한 가운데 대한독립군단이 창설되었다. 이들은 레닌정부의 지원을 받아 일제와 독립전쟁을 결행하려 하였다. 상해 대한민국임시정부 국무총리 재임 시 만주 지역 독립군들과 연계를 갖고 지원하였던 이동휘는 이들로부터 전폭적인 지지를 받았다.

대한독립군단은 이르쿠츠크파가 독립을 위해 싸우는 것이 아니라 한인부대의 지배권을 장악하여 볼셰비키군과 통합하려는 음모를 꾸미고 있다고 하면서 이르쿠츠크파의 주장을 거부하였다. 그러자 이르쿠츠크파는 대한독립군단이 민족주의에만 집착하는 반혁명집단이라고 비난하였다.

이러한 상황 속에서 1921년 6월 27일 이르쿠츠크파와 러시아 혁명군은 알렉세예프스크에 주둔하고 있는 대한독립군단을 포위하고 무장해제할 것을 요구하였다. 대한독립군단의 유일한 목적은 항일무장투쟁을 통하여 한국독립을 획득하는 데 있었으므로 쌍방 간에 무력충돌이 발생하였다. 이에 독립군 600여 명이 죽고 900여 명이 포로가 되는 독립운동사상 최악의 비극적인 사건인 대참변이 발생하였다. 이것이 일명 자유시참변(아무르사건, 흑하사변, 흑룡주사건, 자유시사건)이다. 자유시참변으로 이동휘는 이르쿠츠크파와의 주도권 쟁탈전에서 치명적인 타격을 입

자유시 전경

은 데 이어 군사력에서도 그 우위를 상실하였다.

한편 이 당시인 1920년 말경 상해 대한민국임시정부의 재정은 극도로 열악하여 직원들의 급료도 지급하지 못하는 형편이었으며, 경비를 절감하기 위하여 국무원 청사 내의 각부를 축소해야 할 상황이었다. 그리하여 일반적으로 독립운동가들의 생활이 어려워져, 이러한 경제적 궁핍이 이들로 하여금 사회주의와 가까워지게 하였다.

이러한 때 레닌정부의 모스크바 자금 40만 원이 상해에 도착하자, 임시정부 민족주의자들은 레닌정부의 자금을 임시정부 재건을 위해 사용할 것을 요구하였다. 그러나 이동휘는 레닌정부의 자금은 공산주의운동을 위해 부여된 것이지 임시정부를 위한 것이 아니라고 거부하였다. 이에 임시정부 요인들은 이동휘가 레닌정부의 자금을 횡령하였다고 코민테른에 고소하였다.

그런데 문제는 이동휘의 측근인 김립·박진순이 거액의 자금을 착복했다는 소문에 휩싸여 한층 더 복잡하게 되었다. 그 소문은 박진순과 김립이 40만 원의 레닌정부 자금을 상해로 운반할 때 각각 20만 원씩 나누어 가져 박진순은 그 돈의 일부를 북경에 있는 러시아인 아내에게 맡겼으며, 김립은 그 돈의 일부를 횡령하여 북간도에 농장을 마련하고 상해로 와서는 중국인 첩과 호화로운 주택에서 호의호식하고 있다는 것이었다.

그러나 레닌정부 자금에 대한 재정을 담당하였던 김철수의 증언에 의하면 상기 사실은 하나의 소문에 불과하지 사실이 아니라고 한다. 하여간 임시정부의 회계보고 요청이 있자, 김립은 허위보고를 하였는데 그 내용은 다음과 같다.

즉 1920년 5월 고려공산당을 조직하고 코민테른의 승인을 얻기 위하여 계봉우와 함께 모스크바로 출발하였는데, 치타에 이르러 그곳 극동공화국 대통령인 크라스노체코프와 회담하게 되어 모스크바까지 갈 필요가 없게 되었다. 크라스노체코프로부터 1만 원을 교부받아 도중에 여비로 3천 원을 소비하고 잔금 7천 원을 소지하였는데, 이 돈은 임시정부에 교부할 필요가 없어서 고려공산당에서 사용하였다는 것이었다. 이러한 소문과 허위보고 때문에 상해 대한민국임시정부는 1922년 1월 23일 이동휘와 김립이 정부의 자금을 횡령하였다고 고발하는 포고를 내렸다. 그리고 김립은 동년 2월 8일 상해에서 암살되었다.

이와 같이 이르쿠츠크파와의 파벌투쟁에서 아주 불리한 위치에 있었던 이동휘는 1920년 말 레닌정부의 모스크바 자금이 도착하자 그 자금을 가지고 당사업과 자파세력을 확대할 수만 있다면 임시정부는 언제든지 장악하리라 생각하였다. 그리하여 이동휘는 1921년 1월 24일 임시정부 국무총리직을 사임하고 동년 5월 23일 한인사회당 세력, 국내의 사회혁명당 세력을 중심으로 먼저 조직된 이르쿠츠크파 공산당에 대항하여 상해파 고려공산당을 결성하였다.

이후 양 파는 모스크바 코민테른의 승인을 얻기 위하여 각자의 외교적 역량을 총동원하여 경쟁적으로 활동하였다. 먼저 이르쿠츠크파는 상해파에 앞서 1921년 6월 22일부터 7월 12일까지 개최된 제3차 코민테른 대회에 남만춘·한명세·서초·장건상·안병찬 등 5인을 파견하였다. 이 대회에서 남만춘은 한인대표로 연설하였으며 이들의 후원자인 보리스 스미야스키의 도움으로 레닌과도 만났다.

한편 상해파 고려공산당에서는 코민테른에 파견할 대표로 이동휘·박진순·홍도를 선출하였다. 이동휘의 모스크바행은 박진순이 코민테른으로부터 자금운반 도중 이르쿠츠크파에게 자금을 탈취당한 것과 이르쿠츠크 통합대회의 불법·무효를 탄원하고, 시베리아에 있어서 이동휘 일파의 군사부대를 이르쿠츠크파가 압박한 것(자유시참변)에 대한 문제를 코민테른 및 레닌정부에 호소하기 위한 것이었다. 그리고 이동휘의 최대목적은 이르쿠츠크파를 배제하고 상해파 고려공산당을 조선 유일의 전위당으로 코민테른으로부터 승인받는 것이었다. 이리하여 이동휘는 1921년 6월 박진순과 통역 이극로를 대동하고 상해를 출발, 모스크바로 향하였다.

이 시기에 양 파의 관계는 극히 악화되었기 때문에 어떤 형태로든 우호적인 접촉은 불가능하였다. 어느 한쪽 파의 소개장을 가지고 가는 여행자들은 다른 파의 사람들에게 이 소개장을 가로채일 경우 목숨조차 위태로웠다. 양 파 간에는 폭력이 사용되기 시작하였고 결국에는 암살이라는 방식까지 등장하였다. 그래서 상해파 사람들은 러시아로 갈 때 이르쿠츠크파의 지역을 피하기 위하여 멀리 우회해서 가야만 하였다.

상해파 고려공산당 코민테른 파견대표로 선발된 이동휘는 박진순과 통역 이극로를 대동하고 이르쿠츠크파 지역을 피하기 위하여 해로를 택하여 1921년 6월 말 상해를 출발하였다. 이들은 우여곡절 끝에 인도양·이탈리아·독일을 거쳐 11월 모스크바에 도착하였다. 또 한 명의 대표인 홍도는 자유시참변을 조사하기 위하여 하얼빈·치타를 거쳐 모스크바로 와서 이동휘 등과 합류하였다.

이동휘는 모스크바 도착 후 코민테른 관계자 및 유력 볼셰비키들과 접촉을 갖는 등 외교적인 역량을 총동원하여 레닌과의 회담을 추진하였다. 1921년 11월 28일 이동휘를 비롯한 상해파 고려공산당 대표들은 레닌과 회담하게 되었다. 레닌과 회담한 고려공산당 대표는 이동휘·박진순를 비롯하여 자유시참변을 조사하고 육로로 모스크바에 온 홍도, 그리고 통역인 김아파나시(김성우) 등이었다.

레닌과의 회담은 이동휘를 고무하였고, 조선의 독립은 소비에트 러시아의 지지·후원에 의해서만 이루어질 수 있다는 확신을 갖게 하였다. 하지만 이동휘가 상해를 출발하기 전 세워두었던 레닌과의 회담 목적은 이루어지지 않은 것으로 보인다. 단지 레닌을 만났다는 데 만족하지 않았나 생각된다.

　각각의 당대회에서 별도의 고려공산당을 조직한 양 파는 이후 모스크바에서 전개한 외교 활동 과정에서 상대파를 공격·비판하면서 자파의 정당성만을 주장하였다. 먼저 이르쿠츠크파 대표로 제3차 코민테른 대회에 파견된 남만춘은 대회의 연설에서 상해파를 비난하였다. 민족주의자들로 구성된 이동휘 등의 상해파 고려공산당에 대한 부정적 평가와 함께 비난하면서 이르쿠츠크파의 입장을 강하게 내세웠다.

　여기에 이동휘가 상해를 출발하여 모스크바로 갔다는 소식이 들리자 보리스 스미야스키는 1921년 9월 김철훈·한안드레이 등 이르쿠츠크파 간부들을 대동하고 이동휘보다 먼저 모스크바로 갔다. 이들은 코민테른 당국에 "이동휘 등의 상해파 고려공산당은 조선독립에만 전념하고 공산주의 선전은 단지 편의상의 가면으로만 삼고 있으니 본래의 공산주의운동에는 백해무일리百害無一利하다."고 비방하였다.

　그리고 이르쿠츠크파 자신들의 정강이 사회주의혁명을 내걸고 있음을 내세우고 상해파의 정강은 애국주의적 민족주의자들의 것이라고 공격하였다. 또한 이들은 이동휘가 레닌정부로부터 받은 40만 원의 자금을 부정하게 사용하였다고 코민테른에 고발하였다. 이때 이동휘는 레닌정부 자금의 사용을 방조한 사건 때문에 구속 여부가 고려되었으나, 한국의 가장 유명한 공산당 지도자인 이동휘가 구속된다면 한국인들이 코민테른을 원망할 것이고 전체적인 운동이 위협받는다며 레닌이 저지하였다고 한다.

　이에 대하여 상해파는 식민지 재분할을 목적으로 한 파리강화회의와

국제연맹에 기대를 걸고 활동하였던 대한국민의회 중심인물들이 이르쿠
츠크파에 가담한 것을 비판하였다. 그리고 이르쿠츠크파가 노령 지역의
한인들로만 조직된 것을 지적하고 국내에 대한 선전 소홀을 비판하였다.

그러면서 상해파는 국내의 대중을 거느리고 있으며, 이 단계에서는
일본제국주의 민주혁명이라는 정강이 정당하다고 주장하고 이르쿠츠
크파의 사회주의혁명 정강은 좌경이라고 공격하였다. 특히 자유시참변
에서 수백 명의 대한독립군단 독립군을 살육하고 시베리아로 추방한 것
을 비판하면서 이동휘는 코민테른과 레닌정부에 투옥된 자파 인사들의
석방과 보리스 스미야스키의 파면 및 자유시참변 책임자 처벌을 강력히
요구하였다.

이와 같이 상해·이르쿠츠크 양 파가 서로 고려공산당의 대표임을 주
장하고, 상대파가 범한 잘못을 비판하면서 주도권 쟁탈전을 전개하자,
양 파 분쟁 문제를 다룰 검사위원회가 코민테른 중앙집행위원회 간부회
의 지명을 받아 결성되었다. 검사위원으로 벨라 쿤·쿠시넨·사하로프 등
3명의 집행위원이 선임되었다. 이들은 일련의 조사작업에 착수한 결과
1921년 11월 15일 5개항으로 된 제1차 조선문제결정서를 발표하였다.

코민테른 검사위원회가 채택한 제1차 조선문제결정서 3항에 의거하
여 고려공산당 임시연합간부가 1921년 11월 조직되었다. 이 임시연합
간부는 양 파 각 4인씩 8명의 위원으로 구성되었다. 8명의 위원 중 4명
의 이름만이 알려졌는데 그들은 상해파 이동휘·홍도, 이르쿠츠크파 안
병찬·한명세였다.

임시연합간부의 주된 임무는 조선공산주의운동의 통일을 위한 대의

회를 소집하는 것이었다. 그런데 8명의 위원 중 상해파의 이동휘·홍도만이 모스크바에 체류 중이었다. 이 두 명의 위원은 다른 위원들이 모스크바에 도착하기를 기다리면서 임시연합간부의 임무에 착수하였다. 먼저 임시연합간부의 소재지를 모스크바에 두기로 결정하고, 사무를 집행하기 위하여 장기영·도용호 등 상해파 인물을 부서장에 임명하였다.

이동휘·홍도 두 위원은 자유시참변으로 상실하였던 군권 장악 노력에 착수하여 고려혁명군정의회에 의해 조직된 고려혁명군 내부에 친상해파 그룹의 결성을 시도하였다. 동시에 고려혁명군의 해산을 추진하여 상해파를 지지하는 대한의용군 및 전한군사위원회(자유시참변을 피하여 이만시에 집결해 있었음)에 편입시키려고 하였다. 하지만 이러한 계획들은 이르쿠츠크파의 저항으로 이루어지지는 않았다.

임시연합간부가 설치된 뒤에도 양 파의 분쟁은 계속되었다. 양 파의 임시연합간부들은 서로 자파의 이익을 옹호하기 위해 노력하였으며 사사건건 대립하였다. 상해파 위원들은 이르쿠츠크파에 대해 박애를 비롯하여 자유시참변 때 투옥된 80여 명의 상해파 인물들을 석방·복권시킬 것을 요구하였다.

이르쿠츠크파 위원들은 상해파에 대해 레닌정부 지원자금에 대한 지출명세서와 그 유용 여부를 추궁하였다. 이와 같이 임시연합간부의 활동이 고려공산당의 통일보다는 통일을 실현 불가능하게 할 정도로 심각한 대립 양상만을 초래하자, 코민테른은 제1차 조선문제결정서가 양 파의 내분을 종결지을 수 있을 정도로 충분한 것이 아니었음을 인식하고 다시 이 문제를 논의하게 되었다.

미국에 의해서 소집된 워싱턴회의(1921. 11. 12~1922. 2. 6)가 미국이 극동에서 일본과의 주도권 쟁탈전에서 외교적 수단으로 일본의 세력을 약화할 의도라는 것을 파악한 레닌정부는 미국과 일본의 마찰을 이용하려고 이 회의에 극동공화국의 대표를 파견하였다. 동시에 워싱턴회의에 대항하고 극동에서 반제국주의운동을 전개하여 동맹세력을 형성하려고 하였다. 이와 같이 레닌정부는 이중적인 정책을 견지하였는데 극동피압박인민대회는 후자의 목표를 위하여 코민테른에 의해 개최되었다.

극동피압박인민대회는 원래 워싱턴회의에 대항하는 차원에서 같은 시기인 1921년 11월 이르쿠츠크에서 개최하기로 예정되어 있었는데 예기치 않은 상황으로 다소 늦어져 1922년 1월 21일 모스크바에서 개최되었다. 동년 2월 2일까지 계속된 이 대회는 마지막 회의를 페트로그라드에서 개최하였다.

코민테른 극동비서부가 이 대회를 조직하는 역할을 맡았는데, 주도권은 빌렌스키·가타야마 센片山潛·장타이레이張太雷 등이 잡았고, 서기는 보리스 스미야스키가 맡았다. 이 대회에는 한국·일본·몽골·인도 등 극동의 여러 나라들이 대표단을 파견하였는데, 한국대표단은 144명의 공식대표 중 3분의 1이 넘는 54명이나 되었다. 한국대표단은 거의 공산주의자들이었으며, 이르쿠츠크파가 많은 대표를 파견하였다.

이동휘를 비롯한 상해파 고려공산당의 핵심인물인 박진순·박애·홍도·장기영·도용호 등은 극동피압박인민대회에 참여하지 않은 것으로 보인다. 1921년 11월 28일 레닌과 회담하였던 이동휘 등은 이 대회가 개최되었을 때 모스크바에 체류 중이었다. 하지만 이들의 관심은 보리스 스미야스키와 이르쿠츠크파 고려공산당에 의하여 주도되고 있는 피압박인민대회의 참여에 있지 않았다. 이들은 자유시참변으로 인하여 치명적인 타격을 입은 상해파 고려공산당의 세력 만회에 모든 역량을 집중하였다.

그리하여 상해파 고려공산당은 극동피압박인민대회가 개최되는 시기에 모스크바에서 레닌정부에 대한 외교 활동에 치중하였고, 이르쿠츠크에 압송되어 구금되어 있는 당 간부들과 한인군인들의 석방에 진력하였다. 또한 흑룡주·연해주 등지에서 상해파 군사력을 재건하기 위하여 최선을 다하고 있는 이용·김규면·박일리아 등을 지원하였다.

더욱이 김규식 등 16명으로 구성된 대회 의장단이 선출되어 이들의 활약이 두드러지고, 보리스 스미야스키와 이르쿠츠크파가 자파의 정당성을 선전하기 위해 이 대회를 적극적으로 활용하자, 이동휘는 이 대회의 참가는 들러리에 불과한 것으로 인식하였다.

그리하여 이동휘는 극동피압박인민대회 선언서에 대한 서명을 거부하였는데, 레닌이 이를 알고 이동휘는 동아시아 전역에 명망이 높은 혁명가이므로 서명을 받아야 한다고 하였다. 이리하여 대회요원이 다시 서명을 요청하였는데 이동휘가 또다시 거절하자, 대회요원은 "서명하는 것은 공산당원의 의무"라고 말하였다. 이에 이동휘는 "만일 그것이 공산당으로부터 성문된 명령이라면 서명하겠다."고 반박하였다 한다.

극동피압박인민대회의 중요의제는 대회의장 지노비예프에 의하여 제시되었다. 그는 첫째로 공산주의의 완전한 승리는 '세계혁명'을 통해서만 얻어질 수 있는데 지금까지는 유럽 중심이었다. 하지만 제1차 세계대전 후 유럽이 문제가 아니라 아시아·극동 문제가 점점 절박하게 정면에 나서고 있다고 하면서 아시아 제일주의를 주창하였다. 둘째로 미국에 의해서 개최된 워싱턴회의에서 1921년 12월 10일 체결된 4국정부(미·영·프·일)의 조약은 4마리의 흡혈귀의 동맹으로 아시아 인민의 독립에 대한 열망을 거부하였다고 맹렬히 비난하였다. 셋째로 일본 프롤레타리아트는 극동 문제 해결에 열쇠를 쥐고 있다, 즉 일본의 프롤레타리아트와 조선·중국의 피압박 인민들이 결합하여 일본 부르주아지를 패퇴시키는 것이 일본혁명의 최종적 승리라고 하였다. 즉 그는 극동의 국제정세를 해석하고 대회 참가자들의 임무를 밝혔던 것이다.

지노비예프에 이어 상임간부회의 일원이었던 사하로프는 상해파와 이르쿠츠크파의 임시연합간부에 의한 통합이 실패로 돌아가자, 이 대회를 통하여 양 파에게 통합을 요구하는 지침을 전달하였다.

사하로프는 한국 공산주의자들이 따라가야 할 정책 방향을 충분히 밝혀 주었다. 그것은 바로 광범위한 민족연합, 즉 공산주의와 민족주의 세력의 동맹이라는 레닌주의의 정책이었다. 따라서 현실적으로 극동피압박인민대회는 상해파·이르쿠츠크파 양 파에게 통합을 요구하였다고 볼수 있다. 하지만 양 파의 관계가 대단히 악화되어서 통합은 그리 쉬운일이 아니었다.

코민테른은 이르쿠츠크파 안병찬에게 타협방안을 주어 양 파를 통합시키려 하였다. 안병찬은 1922년 2월 상해파 이동휘·김철수와 이르쿠츠크파 한명세 등과 회합을 갖고 통합방안을 모색하였으나 통합이 이루어지지 않았다. 1922년 3월 16일 코민테른 집행위원회 간부회는 한명세와 김동산이 참석한 가운데 조선 공산주의운동의 내분을 재검토하였다.

1922년 4월 4일에 다시 간부회를 열었던 코민테른 집행위원회는 이 회의에서 고려공산당의 통일을 위한 구체적 지침을 작성하기 위하여 사하로프·쿠시넨·브란들러 3인으로 구성되는 조선문제위원회를 설치하기로 하였다. 조선문제위원회는 일련의 조사를 마친 후 6개항의 결정서를 1922년 4월 22일 발표하였는데 이것이 제2차 조선문제결정서이다. 제2차 조선문제결정서는 제1차 조선문제결정서가 해결하지 못한 양 파 간의 쟁점을 매듭짓고자 하는 데 그 목적이 있었다.

코민테른 집행위원회 간부회는 제2차 조선문제결정서를 1922년 5월 17일자로 승인하였다. 따라서 제2차 조선문제결정서는 동년 5월 중순부터 효력을 발생하였는데, 이 결정서 이후에 양 파는 통합을 하지 않으면 안 되었다. 그리하여 양 파의 통합을 위한 임시연합간부회의가 1922년 5월 치타에서 소집되었다.

그러나 이 통합 회의는 고려혁명군에 관한 이동휘와 한명세의 첨예한 논쟁과 자파의 견해만을 고집하는 것 때문에 무위로 끝나고 말았다. 이후 양 파는 1922년 6월 블라고베센스크에서 다시 회합을 가졌다. 이 회합에서는 군사최고기관인 고려중앙정청을 조직하고 통합 당대회를 개최하기로 하였다.

고려중앙정청은 양 파 통합 당대회를 1922년 9월 1일 개최하기로 하였으며, 상해 임시정부를 러시아령으로 옮기고 시베리아에서 일본군이

철수하면 본부를 블라디보스토크로 옮기려 하였다.

한편 1922년 9월 개최하기로 했던 고려공산당 양 파 통합 당대회는 대표자의 참석이 이루어지지 않고 일본군이 시베리아에서 철수한 후 열리는 것이 좋다 하여 연기되다가 동년 10월 15일 베르흐네우진스크에서 개최되었다. 이 대회에는 상해파 대표로 이동휘 등 20명, 이르쿠츠크파 대표 25명, 국내 대표 15명, 간도 대표 20명, 연해주 대표 25명, 아무르 지역 대표 17명 등 약 120명 정도가 참석하였다.

대회는 윤자영의 사회와 이동휘의 개회사로 시작되었다. 그러나 대회는 처음부터 대표자의 심사 문제를 둘러싸고 양 파가 첨예한 의견대립을 나타내었다. 대회는 먼저 출석대표자들이 갖고 있는 위임장의 진위를 심사하고 대표자의 발언 및 결의권의 유무를 사정하기 위하여 8인으로 구성된 위임장 심사부를 설치하였다. 8인의 위임장 심사부에 상해파는 윤자영·김창숙·홍도·김아파나시가 참여하였고 이르쿠츠크파는 김철훈·김하석·김웅섭·서천민이 참여하였다. 그리고 러시아 측 대표로 러시아인 크소세요프와 베르흐네우진스크 시장이 참여하였다.

여기서 상해파의 이동휘는 러시아 국적을 가진 한인은 조선공산당에 포함할 수가 없다고 하였으며 따라서 발언권은 인정한다 하더라도 결의권은 가지지 못한다고 주장하였다. 이에 대하여 이르쿠츠크파는 국적의 여하에 상관없이 민족적으로 국제공산당의 일 단체가 되어야 한다고 주장하였다. 상해파의 의도는 이르쿠츠크파 대표자의 대다수가 러시아 귀화인으로서 러시아 국적을 갖고 있음을 감안하여, 그들의 결의권을 삭감하여 상해파가 대회에서 다수파를 점하려는 것이었다.

코민테른에서 전권을 위임받고 파견된 쿠이베크는 이동휘의 주장에 찬성하고 이르쿠츠크파의 의견은 무시하였다. 즉 국적주의를 채택한 것이다. 이르쿠츠크파는 반대하였지만 대회를 감독하는 러시아인의 명령을 듣지 않을 수 없었다. 그 결과 이르쿠츠크파 가운데 정식대표의 자격을 가진 자는 13명에 불과하고 상해파는 모두가 대표가 되었다.

이와 같이 통합대회에서 상해파가 다수를 점하게 되자 이르쿠츠크파는 반격을 시작하였다. 이르쿠츠크파는 먼저 상해파 이동휘 등에게 코민테른 선전사업비 40만 원의 낭비사건 전말과 이동휘가 이르쿠츠크시에 있는 조선인 군대의 해산을 코민테른에 청원한 이유가 무엇인지를 요구하였다. 이에 대하여 이동휘는 이 문제가 비밀에 속한 사항이므로 공개하기 곤란하며 차후 코민테른에 자세히 보고하겠다고 답변하였다.

그러나 이르쿠츠크파가 답변에 반발하자, 이동휘는 이 문제를 분과 심사부에 넘겨 심사 처리할 것을 제의하였다. 이에 대해 다수파인 상해파가 의결·통과시키니 이르쿠츠크파는 크게 분개하여 이러한 불공평한 통합대회는 참석하지 않겠다고 탈퇴를 선언하였다.

이르쿠츠크파가 탈퇴를 선언하자, 이동휘를 비롯한 상해파는 코민테른 파견원인 쿠이베크 등과 협의한 후 이르쿠츠크파의 행동을 통합대회의 진행을 방해하는 반혁명적 행동으로 규정하고 책임간부 김철훈·서천민·신기영 등을 체포함과 동시에 이르쿠츠크파 간부에게 보고 서류를 통합대회 집행부에 인도할 것을 요구하였다. 그러나 이르쿠츠크파는 상해파의 요구를 거절하였고 간부 이하 60여 명이 치타로 돌아갔기 때문에 통합대회는 결렬되었다.

통합대회가 결렬된 후 회의장에 잔류하였던 상해파는 대회의 전후사정을 코민테른 파견원에게 보고하였다. 보고를 접한 쿠이베크는 "이르쿠츠크파 대표가 한 사람이라도 남아 있으면 통합대회의 명의로 회의를 진행하라. 그러면 나는 이 대회를 통합대회로 인정하고 따라서 코민테른도 이를 승인하겠다."는 내용의 회신을 보내왔다. 이 소식을 들은 이동휘는 대단히 기뻐하고 이르쿠츠크파의 나이 어린 대표 2인을 매수하여 통합대회의 이름으로 대회를 계속 진행하였다. 그리고 대회는 신중앙간부를 선정하였는데, 이동휘는 중앙간부가 되었다.

상해파 자파만으로 베르흐네우진스크의 통합대회를 마친 이동휘는 1922년 11월 9일 코민테른 집행위원회 총비서 쿠시넨 앞으로 대회 상황에 관한 자신의 견해를 발송하였다.

여기서 이동휘는 "대회에서는 아무런 분열도 일어나지 않았다. 조선·간도·일본의 대표자들에게만 의결권이 부여되었고, 이 결정에는 대회의장인 쿠이베크가 동의하였다. 내빈 자격으로 대회에 참여한 이르쿠츠크 그룹의 이주민 지도자들이 대회사업을 공동화하려고 기도한 때문에 대회에서 약간의 말썽이 일어났다. 그러나 조선에서 온 이르쿠츠크파 계열의 대표자들은 대회의 완결에 직접 적극적으로 참여하였다."고 하였다.

결국 이동휘는 상해파 자파의 통합대회와 거기서 선출된 중앙위원회를 완전한 통일 고려공산당으로 자임했으며 그러한 자신의 입장을 관철하기 위하여 코민테른에 대표단을 파견하였다.

한편 베르흐네우진스크의 통합대회를 탈퇴하고 치타로 갔던 이르쿠츠크파 간부 및 60여 명의 대표자들은 치타에서 따로 통합대회 명의로 대회를 개최하였다. 이들은 장건상을 의장으로 하고, 김하석·김만겸· 한명서·이성·박승만을 위원으로 하여 치타한족회관에서 3일간 대회를 진행하였다. 이들은 독자적으로 각종 의안을 심의·결의했으며 자체의 중앙기관을 선출하였다.

치타에서 자파만의 통합대회를 마친 이르쿠츠크파는 고려공산당 통합대회의 결렬 이유 및 상해파의 횡포, 그리고 코민테른 파견원인 쿠이 베크의 불공평한 조치를 코민테른에 타전하였다. 동시에 남만춘을 통하여 코민테른에 청원서를 제출하였다.

또한 이르쿠츠크파는 코민테른에 대회의 경과를 보고하기 위하여 김만겸·한명서·조훈을 대표자로 선정하여 모스크바에 파견하였다. 상해파·이르쿠츠크파 등 양 파의 보고를 접한 코민테른은 각파의 통합대회를 인정하지 않았다. 이러한 가운데 국내 대표로 베르흐네우진스크 통합대회에 참석하였던 정재달은 동 대회가 결렬되자 다음과 같은 내용의 장문의 전보를 코민테른 당국에 보냈다.

나는 국내에서 갓 입로入露한 개인 자격의 대표로서 이 통합대회에 참석한 자이다. 이 대회의 상황을 보건대 상해·이르쿠츠크파의 통합대회임에도 불구하고 통합의 정신은 무시되고 일치단결의 빛은 조금도 보이지 않으며 각기 자파의 세력부식에만 급급하는 파쟁만을 일삼기 때문에 대회는 분열되고 말았다. 나는 어느 파에도 가담할 수가 없다. 따라서 나는 개인으로서 이 대회를 탈퇴하는 바이지만 만일 이 대회의 상황을 참고로 알기 위하여 나에게 물어볼 필요가 있다면 불러달라.

정재달에 의한 전보 보고가 있은 지 5~6일 후 코민테른은 상해파의 이동휘·윤자영, 이르쿠츠크파의 한명서·김만겸, 무소속의 정재달·정태신 등 6인을 지명하여 모스크바에 출두하라고 전보를 보냈다. 이들은 1922년 12월 중순경 모스크바에 도착하였다. 모스크바에 호출된 양 파 및 무소속 대표들은 코민테른 집행부에 출두하여 각자의 주장을 피력하였다.

각파의 대표들은 자기들만이 한국공산주의운동을 수행하기에 적합한 집단임을 주장하고 상대방의 죄상을 열거하였다. 이에 코민테른 집행부의 부하린은 "당신들은 양자가 똑같소. 당신들 중의 누구도 사회주의와 공산주의에 관한 진정한 사실들을 알고 있지 않소. 당신들은 사실상 다만 독립운동에 종사하고 있을 뿐이오. 그러므로 당신들의 개인적 차이점을 조정하여 다시 통합하도록 하시오."라고 하였다.

즉 코민테른은 양 파의 해체를 지시하면서 새로운 통일 고려공산당의 조직을 지령하였다. 이리하여 코민테른 제4차 대회가 열리기 전까지 통일 당대회를 소집하여 새로이 조직된 고려공산당을 코민테른 지부로 승인하려 했던 코민테른 집행부의 계획은 실패로 돌아갔다.

코민테른의 방침 변화

1918년 6월 체코군의 봉기와 미·영·프·일 등의 시베리아 출병으로 시작된 시베리아의 내전은 1920년 이후 홀로 철병하지 않았던 일본군이 마지막으로 블라디보스토크를 떠나고, 완충국으로 존속해오던 극동공화국이 1922년 11월 15일 소비에트 정권에 통합됨으로써 종결되었다. 소비에트 정권은 일본의 위협이 줄어들자 시베리아에 있는 한국독립군과 고려공산당에 대한 열의가 식어 버렸다.

소비에트 정권은 연해주 지역의 치안확보와 일본과 외교적 마찰의 소지를 없애기 위하여 그동안 독자적 활동을 허용해 주던 빨치산부대, 마적단과 함께 고려혁명군 부대에 대한 무장해제를 단행하기 시작하였다. 이것은 고려혁명군이 러시아 볼셰비키 세력의 지원으로 조선 국경으로 진입할 것을 우려한 일본의 외교적 항의의 영향이기도 하였으나 기본적으로는 백위파의 제거, 국경의 안전확보, 외국인의 규제, 내전으로부터의 복구 등 시베리아 지역에서의 소비에트 권력의 공고화 과정의 일환이었다.

이러한 상황에서 소비에트 정권과 코민테른은 한국 고려공산당이 상해파·이르쿠츠크파로 나뉘어서 주도권 쟁탈을 위한 파벌투쟁을 일삼자, 양 파가 1922년 10월 베르흐네우진스크의 통합대회를 통하여 통합고려공산당을 결성하면 이 당을 코민테른 지부로 승인하려 하였다. 하지만 코민테른의 이러한 계획은 실패로 돌아갔다.

왜냐하면 코민테른 제4차 대회(1922. 11. 5~12. 5)에 고려공산당의 대표로 1명이 초청되었는데 4명의 대표가 나타났기 때문이다. 코민테른 4차 대회의 자격심사위원회에서 활약한 독일공산당인 에버르린은 다음과 같이 보고하였다.

자격의 심사는 간부회의 결정에 의해 1922년 10월 16일 트릴리세르·피아트니츠키·에버르린으로 구성된 위원회에 의하여 우선 이루어졌다. 다음에 확대집행위원회는 결정적인 심사위원회를 선발했는데 거기에 이미 선발된 3명 이외에 탈하이머(독일), 카바크치예프(불가리아), 세플로(노르웨이), 그람시(이탈리아)가 임명되었다.

이 위원회는 모스크바에 도착한 동무들의 대표권을 검사하였으며 모든 위임권이 좋고 하자 없음을 확인하였다. 고려공산당에 대하여 1명의 대표가 초청되었으나, 4명의 대표가 도착하였다. 고려공산당 내에 존재하는 이견이라고 하는 것은 너무나 생생하여 사람들은 누가 진정한 공산당의 대표인지를 가릴 수 없었다. 따라서 2명이 손님의 자격으로 받아들여지고 2명은 돌려보냈다.

즉, 코민테른 4차 대회 개회 전에 고려공산당 대표가 도착하였으나 코민테른은 고려공산당이 아직 통일되어 있지 않은 것을 확인하고, 대회개최 후에는 내빈 자격으로 출석하는 것을 인정했던 것이다. 일설에는 제4차 코민테른대회에 고려공산당 대표로 상해파에서는 이동휘·윤자영이, 이르쿠츠크파에서는 한명세·김만겸이, 국내파에서는 정재달·정태신 등 6명이 참석하였다고 하나 이들 가운데 어느 누구도 고려공산당의 유일한 대표로 인정되지는 않았다.

코민테른 제4차 대회는 상해파·이르쿠츠크파로 분열된 고려공산당의 통일방안을 논의하기 위하여 8인의 위원으로 구성된 조선문제위원회를 결성하였다. 위원은 펠릭스콘(우크라이나)·가타야마 센(일본)·천두슈

(중국)·만네르(핀란드)·프루후닉(폴란드)·쿠시넨(코민테른 서기)·보이틴스키(극동부)·체토린(청년 인터내셔널) 등 8명이었다. 8인의 위원회는 고려공산당 통일방안을 논의하였으나 대회 개회 중에 결론을 내지 못하고 폐회일인 제33회 회의에서 문제의 해결을 코민테른 확대집행위원회에 위임하였다.

1922년 12월 코민테른 집행위원회는 상해파·이르쿠츠크파 양 파의 해산을 명령하고 코민테른 극동국 산하에 꼬르뷰로(고려국)를 설치하여 그 지도하에 조선공산주의운동의 통일을 실현하라고 지시하였다. 코민테른 극동국은 1921년 코민테른 민족부 내에 설치되어 한국·일본·중국의 문제를 전문적으로 관할하는 기관이었다. 본부는 모스크바이고 블라디보스토크에는 출장소가 설치되었는데 여기에 꼬르뷰로가 소속되어 있었다.

꼬르뷰로는 1922년 12월 의장을 보이틴스키로 하고, 그 위원으로 상해파의 이동휘·윤자영, 이르쿠츠크파의 한명서·장건상·김만겸 등을 임명함과 동시에 정재달을 국내 사정에 정통하다 하여 고문으로 임명하였다.

꼬르뷰로는 1923년 2월부터 블라디보스토크 시내 일본영사관 근방에 사무소를 설치하고 주1회씩 정례회의를 가지면서 사업에 착수하였다. 우선 착수한 사업은 한인당원의 당파적 감정을 청산하고 행동의 통일을 기하며 시베리아 한인공산주의의 조직을 정리하는 일이었다.

이 사업은 재로한인在露韓人으로서 노농 러시아의 정치에 관계하고 있는 한인관리 중에 참다운 공산주의자도 있지만 신용만으로 채용된 자도 있으니 정치상의 위해危害를 제거하자면 이것을 가려내어 순주의자만으로 관리를 채용해야 하므로 이에 대한 기초조사를 행한다는 것이었다. 이 사업은 동년 4월 말까지 보이틴스키의 감독하에 이동휘·한명서·김만겸·정재달 등이 행하였는데 약 30명 내외의 인원이 도태되고 새로운 요원이 충원되었다.

그런데 1923년경부터 조선에 대한 코민테른 방침이 변하기 시작하였다. 러시아혁명 방위를 위해 한인을 혁명운동 측에 서게 하는 것을 주안으로 했던 당시까지의 방침에서 조선 국내에서의 혁명운동 전개에 중점을 두는 것으로 바뀐 것이다.

1922년 4월 레닌이 병 때문에 물러남에 따라 정권을 잡은 스탈린은 10월 일본군의 시베리아 철수가 완료되자 극동공화국을 흡수하여 12월에 소비에트 연방의 성립을 선언하였다. 레닌이 한국독립운동을 지원하였다면, 이후 스탈린은 한국의 독립운동을 봉쇄하는 정책을 취하였다. 독립군부대는 적군에 편입하고, 응하지 않는 부대는 무장을 해제하고 영외로 추방하였다. 한국인에 대한 동정은 없었고 국익만이 있었다.

당시의 소련은 전쟁과 혁명에 의하여 국력이 소모되어 힘의 축적을 위해서는 외국의 간섭을 피하고 우호하여 무역하지 않으면 안 되었다. 그 정책의 희생자가 적군을 도와서 일본군과 싸웠던 조선공산주의자였던 것이다. 레닌정권의 방침이 러시아혁명 방위를 위해 조선인을 혁명운동 측에 서게 하는 것이었다면, 스탈린정권의 방침은 조선국내혁명운동에 중점을 두는 것이었다. 따라서 꼬르뷰로의 임무는 조선 국내와 소련·중국에 거주하는 조선인 공산주의 세력을 총집결하여 코민테른 지부로서 조선 국내에 조선공산당을 조직하는 것이었다.

이러한 방침에 따라 꼬르뷰로는 1923년 4월 국내 사정에 밝은 정재달을 조선에 파견하였다. 동년 6월 서울에 도착한 정재달은 국내의 주요 인물인 김약수·이봉수·이영·신백우·정태신 등과 접촉을 가졌다. 하지만 정재달에 대한 이들의 반응은 냉담하였다. 그 이유는 정재달이 서울에 파견된 이후에 이동휘계 사람들이 정재달은 이르쿠츠크파의 앞잡이며 스파이라는 악선전을 국내의 인사들에게 하였기 때문이다.

이리하여 정재달은 국내공작에 실패하고 10월 초 블라디보스토크로 귀환하였다. 귀환 후 정재달은 "이동휘 일파의 악선전으로 사명을 완수할 수가 없었다. 다시금 회의를 열어 사업을 계속할 필요성을 의결해야 한다."고 한명서에게 보고하였다.

정재달의 의견을 청취한 이르쿠츠크파의 한명서는 김재봉·신철을 다시 국내에 파견하여 조선공산당을 창당하려고 하였다. 이에 이동휘는 "(자기가) 만들어 놓은 조선 국내의 조직적 기반을 이르쿠츠크파 사람들이 탈취하고 있다."고 이르쿠츠크파에 의한 김재봉·신철의 조선국내공작을 비판하였다. 하지만 한명서는 "꼬르뷰로에 이동휘 같은 자가 있는 한 조선 국내에 순조롭게 진행되고 있는 조선공산당 조직의 거점까지도 파괴될까 두렵다."고 이동휘를 배격하였다.

이와 같이 상해파·이르쿠츠크파가 시종 반목과 논쟁을 일삼고 자파 세력확장에 몰두하자 1924년 2월 코민테른은 꼬르뷰로의 해산을 명하였다. 꼬르뷰로가 해산됨에 따라 이동휘는 블라디보스토크 신한촌의 당 도서관장이라는 한직에 배치되었다.

코민테른과 소련정부는 상해파보다도 이르쿠츠크파가 자신들에게 충성을 다하고 있다고 판단하여 민족주의적 성격이 강한 이동휘 일파의 움직임은 경계하였던 것이다. 이후 이동휘는 1925년 1월 일소기본조약이 체결되자 격분하여 블라디보스토크를 떠나 스챤 부근에 은거하였다고 한다.

코민테른은 꼬르뷰로의 해체를 대체하고 조선공산당의 통일조직을 성취하기 위하여 새로운 기관을 조직하고자 하였다. 그리하여 1924년 3월 블라디보스토크에서 연해주 조선인 공산당원 책임자 연합대회를 개최하였는데 이 회의에 노령에서 20명, 중국령에서 3명의 당원이 출석하여 다음과 같은 사항을 결의하였다.

1. 종래의 고려공산당이 코민테른으로부터 해산명령을 받은 사항을 한인 사회에 주지시킨다.
2. 금후 양 파의 분규는 지양한다.
3. 민족파에 대해서는 창조·개조파를 모두 부인한다.
4. 조직 문제에 있어서는 당기관의 설치가 급무이지만 코민테른은 국내의 공산주의자의 존재는 인정하나 당기관의 존재는 인정하지 않고 있으므로 완전한 당기관의 설치는 노령 내의 한인당원을 중심하여 실현하도록 진력한다.
5. 당기관 설치에 관한 준비위원을 선임한다.

5항의 결의에 따라 준비위원을 선임하였는데 코민테른 극동국 제3대

주재원인 인데르슨을 비롯하여 장도정·장건상, 노령 대표 남만춘·이형건, 중국령 대표 박응칠·김철훈, 국내 대표 김약수·신백우·이봉수 등이었다. 통일적인 전한인공산당을 조직하기 위한 이 준비위원회를 오르그뷰로(조직국)라고 하였다.

오르그뷰로의 사무국 요원을 보면 꼬르뷰로의 파쟁인물인 이동휘·한명서·김만겸·정재달은 빠져 있고 김철훈·김하석·최고려 등 이르쿠츠크파 유력자들이 핵심요원임을 알 수 있다. 다만 상해파의 박애는 파쟁청산의 상징적 존재로서 가담되어 있는 것 같다.

이후 오르그뷰로는 1925년 1월 21일 일소기본조약이 체결되어 해체될 때까지 최고려·김철훈·남만춘·김만겸·장건상 등 이르쿠츠크파에 의하여 주도되었고, 이들에 의하여 국내 조선공산당 창당작업이 진행되었다.

1923년경부터 소련정부 방침이 한인 무장독립군을 영외로 추방하거나 무장해제를 시키는 등 한인독립운동을 막는 조치로 나오자 이동휘는 항일독립운동을 전개하기 위한 새로운 방도를 강구하여야만 하였다. 이동휘는 항일독립운동을 중단할 생각이 없었다. 그리하여 한인독립운동을 막는 연해주 지역보다는 한인이 다수 거주하면서 자생력을 갖고 있는 만주 지역에 민족혁명과 사회주의혁명을 동시에 표방하는 항일독립운동 단체를 조직하였는데 그 단체가 바로 적기단赤旗團이다.

적기단의 조직총회는 1923년 1월 10일 블라디보스토크 신한촌의 백산학교 강당에서 진행되었다. 이 회의의 참가자는 46명이었고 조직위원으로 피선된 사람은 최계립·홍파·김아파나시·마건·최웅렬·한상오·오성륜·김강·이열·김규 등이었다. 이들은 거의 상해파 고려공산당에 가맹해 있었으므로 적기단은 상해파 고려공산당의 별동대였다. 그리고

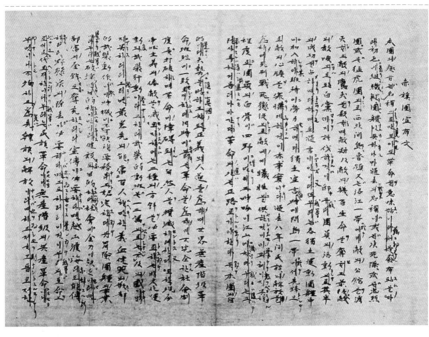

적기단 관련 문건

적기단 조직총회에서 선언서를 발표하였는데 그 내용은 다음과 같다.

로씨야 원동에서 공민전쟁이 쏘베트 주권의 승리로 끝날 때까지 고려의
용군으로 참전하였던 장병들과 조선에서와 만주에서 망명하여 온 혁명적
청년 46명은 조선민족해방운동의 촉진을 위한 동일한 의사와 행동에 의
하여 '적기단'이란 혁명단체가 창건되었음을 선언한다.
적기단은 조선민족해방운동을 사회주의 혁명운동과 결부하여 촉진할 것
을 자기의 기본목적으로 정한다. 그리하여 적기단의 기본과업은 조선공

산당의 전초대의 의무를 실행하면서 광범한 민중 속에서 공산주의를 선전하며 승리한 로씨아 10월혁명의 경험을 가르쳐 주며 일본제국주의의 주구들과 일체 반혁명분자들을 반대하여 맹렬히 투쟁하며 특히 '적화방지단'과 무자비한 투쟁을 전개해야 하는 것이다.

조선·일본·남북만주에 산재한 조선인혁명단체들과 친밀한 연계를 취하며 투쟁 경험을 교환함으로써 일상적 사업에서의 성과와 조선독립의 촉진을 보장함에 헌신·노력하기로 한다.

적기단은 어디에서나 건실한 혁명적 동지들을 규합·결속하여 국제혁명자구제회 사업을 적극적으로 방조하는 바 희생된 전사들의 유가족들을 후원하며 그들 자녀들의 교양을 위한 성실한 후원사업을 실시하기로 한다.

이동휘는 1923년 2월 상해파 고려공산당의 자파세력으로 구성된 적기단의 본부를 만주 영안현寧安縣 영고탑寧古塔에 설치하게 하였다. 그리고 선포문을 발표하였는데 그 내용은 다음과 같다.

곧 본단의 목적은 대세를 변화시켜 참다운 정의와 인도를 위한 세계무산계급의 혁명대열에 일치코자 하는 것이다. 동시에 붉은 혁명을 위하여 불완전한 사회제도를 타파하고 혁명에 장애되는 자연인을 박멸하고자 한다.

또 지금 제국주의 왜적을 멸하기 위하여는 이중의 방침이 필요하다. 문화운동과 무장행동이 바로 그것이다. 무장투쟁을 하기 위하여는 1~2만으로는 부족한 느낌이 없지 않다. 그러므로 가장 급히 할 일은 능히 일당백

할 의혈건아의 게릴라전이 이 시기에 불가결한 중요임무라 인정된다. 곧 모험단체의 사업이다.

이러한 선포문에서 볼 수 있듯이 적기단은 중국 동북 지방의 공산주의단체로서는 처음으로 '민족혁명과 사회주의혁명의 동시수행'이란 구호를 내걸고 공산주의를 선전함과 동시에 일제 관공서 파괴와 조선인 친일분자 암살 등 직접행동을 목표로 한 테러리스트 단체였다. 이것은 소련 일변도의 의타적 독립운동에 대한 한인 최초의 자기 반성적 단체였다는 점에서 새로운 단계로의 의미가 있다.

1923년 3월 3일 북만주 영고탑 황지툰 손호준 집에서 적기단의 첫 간부회의가 소집되었다. 이 회의에는 간부들 이외에 30명의 단원이 참석하여 다음과 같은 4가지 사항을 결정하였다.

첫째, 둔병식 군대조직을 결정하였다. 둔병식 군대조직이란 대대장과 중대장을 선발해 놓으면 그들이 자기들의 관할지구에 가서 소대장을 선택하고 선택된 소대장이 소대 군인들을 모집하는 방법이었다. 이러한 둔병식 군대조직의 방법으로 각 사령부 부장이 대대장이 되고 중대장만 선발하였다. 서만주 사령부 관할지역에는 4개 중대를 배치하기로 하고 중대장은 박태영·최완규·최영준·박춘산이 선정되었다.

동만주 사령부 관할지역에도 4개 중대를 배치하기로 하고 중대장은 라일·강철·최승관·전창순이 선정되었다. 북만주 관할지역에는 그 활동범위 내에 일본군의 세력이 심대한 것을 고려하여 5개 중대를 배치하기로 하고 중대장은 리동무·김우범·마춘걸·김철·손호준을 선정하였다. 그리고 송화강 연안 산성·오운 지방에는 특립중대를 두기로 하고 중대장으로 김병하를 선정하였다.

둘째, 적기단 기관지로 『벽력霹靂』을 발행하기로 결정하였다. 주필에는 박우, 부주필에는 이하소가 선정되었다.

셋째, 조선 국내에 비밀공작원을 파견하기로 결정하였다. 조선 국내의 중요한 공장과 중등학교에 비밀당 및 청년단체들을 조직하기 위하여 장철·김일수·리용·황돈 등을 파견하기로 하였다. 그리고 조선과 만주에 있는 비밀혁명단체들 간의 계통적인 연계를 취하기 위하여 김선희를 비밀공작원으로 선정하였다.

넷째, 당시 상해에서 진행되고 있던 대한국민대표회의에 대표를 파견하기로 결정하였다. 적기단의 대표로 박건이 선정되었다.

적기단의 둔병식 군대조직 결정으로 인하여 고려혁명군을 비롯한 여러 민족주의 단체 출신들이 선전위원으로 활동하였다. 1923년 4월 하순 최웅열 등 십수 명이 왕청현 나자구에 도착하여 단원을 모집하였는데 입단자가 130여 명에 달했다고 한다. 특히 5월 하순에는 단원 모집을 위하여 연길현 방면으로 최완(원 고려혁명군 제3군 소대장)·김약산(원 고려혁명군 제1군 소대장)·김흥국(원 의군단 중대장) 등이 파견되었고, 화룡현 방면으로는 이달(원 고려혁명군 소대장)·강근(원 대한북로군정서 소대장) 등이 파견되었다. 또한 안도현 방면에는 지부 설치를 위하여 김진·윤성한 등 3명이 파견되었다.

적기단은 조직 후 세력이 확장되자, 1923년 6월 2일 안도현安圖縣 낭낭고浪浪庫에서 그 지방 일대 항일독립운동 단체를 초대하여 협의회를 개최하였다. 이 협의회에는 적기단에서 한상오·최웅열·오성륜·최용봉·이우·이상호 등 수십 명이 참석하였고, 군정서에서는 현천묵·김좌진·나중복 외 수 명이 참석하였으며, 의군단에서는 김홍국·최풍산 외 수 명이 참석하였다. 그리고 블라디보스토크에서 고려공산당 간부 임호 외 수 명과 적기단 선전부원 수 명이 참석하였다.

이 협의회에서는 다음과 같이 결의하였다. 첫째, 적기단을 중심으로 단결하여 공산주의를 선전하는 데 재로在露 고려공산당의 지도를 받으며 조선 국내와 간도 지방에도 공산주의 선전을 위하여 공작원을 파견한다. 둘째, 항일독립운동에 필요한 군자금을 모집한다. 셋째, 돈화·길림·간도 지방에 적기단의 지부를 설치한다.

동시에 러시아 이만 지방으로부터 이동휘계의 무장한인들을 속속 만주로 불러들여 각지에 조직된 적기단에 배치하였는데 안도현 내두산乃頭山 부근에 150명, 액목額穆 지방에 200명가량이 배치되었다.

적기단은 1923년 6월 30일 돈화현 대교하에서 임시대회를 개최하고 앞으로의 방침에 대하여 협의함과 동시에 임역원을 선거하였다. 이들은 무관학교를 건립하기로 하고 300명을 수용할 교사 신축에 착수함과 동시에 교관으로는 이추산과 채영 등을 추천하여 이동휘에게 신청하였다. 또한 적기단은 1924년 1월 5일부터 8일까지 영안현 동경성에서 간부회의를 개최하고 간도를 중심으로 인접 각 현에 통신부를 설치하기로 결정하였다.

또 통신부와 더불어 적기단은 행동부대를 운용하였는데 행동부대는 결사대·파괴대·별동대로 편성되어 국내진입작전을 감행하였다. 이 무렵 용정과 국자가의 적기단 조직에서는 일제의 간도총영사관 폭파계획을 진행하였는데 1924년 7월 비밀이 탄로되어 연관자가 검거되는 사건이 발생하였다.

적기단은 북경·상해의 의열단과 제휴해서 1924년 이른 봄에 동경에서 있을 일황태자日皇太子의 결혼식전에 결사대를 보내 일제의 최고 요인들을 한꺼번에 폭살하고 주요건물도 폭파하자는 계획을 수립하였다. 이 계획은 의열단 출신의 오성륜의 역할이 컸는데, 의열단 쪽에서 먼저 거사 준비차 자금을 위해 국내에 잠입했다가 행동대원들이 체포됨으로써 실패로 돌아갔다. 미수에 그쳤지만 이 사건은 일제의 간담을 서늘하게 하였던 사건이었음에 틀림없다.

이렇듯 활발한 움직임을 보이던 적기단은 그 활동이 1925년까지 이어진다. 1925년 4월 초 동청철도연선의 해림에서 최계립·장기영·장해·백인민·김동식·김철 외 10명이 참석한 적기단 간부회의가 개최되었다.

이 회의에서는 남북만주 한인에 대하여 공산주의 선전을 계속하며 이에 필요한 선전비를 코민테른에서 3분의 2를, 적기단에서 3분의 1을 지출하기로 결정하였다. 또 적기단 안에 북만전위사를 조직하고 『전위』라는 잡지를 발간하며 공산청년학교를 설치하여 청년들에게 공산교육을 실시하기로 하였다. 이에 필요한 교육비는 주민들로부터 매호당 연간 2원씩 징수하여 조달하고, 적기단 관구 내의 50호 이상의 촌락에는 청년회를 조직하여 예비단원을 양성하고자 하였다.

적기단은 이와 같이 행동적인 독립운동에다 사회혁명을 결부하여 선전함으로써 그 조직은 북만주와 간도에 깊이 뿌리를 내렸다. 특히 간도 지방에서 적기단 조직이 활발했는데 일제 측 기록에도 1924~1926년께 간도 지방에 있어서의 적기단 활동은 타 항일단체에 비해 월등히 활발했던 것으로 나타나 있다.

간도 지방에서의 이와 같은 현상은 이 지방이 일찍부터 항일독립운동의 근거지였으며 동시에 일찍부터 이동휘에 의한 공산주의 선전과 조직이 침투되어 있었던 것에 연유했을 것이다. 다시 말하면 이 지방이야말로 조국광복과 사회혁명을 아울러 쟁취하고자 선전하는 적기단의 가장 적합한 조직 기반이었던 것이다.

이동휘의 적기단 활동은 일본 측 정보에 의하면, 1924년 5월 하순에 단장 최계립, 김일수, 박응칠, 엄윤 등이 참석한 적기단 간부회의(장소: 블라디보스토크)에 참석한 것으로 되어 있다.

적기단은 1925년 이후 중국 동북 지방에서 공산주의 선전과 항일무장투쟁을 활발히 전개하다가 1929년 본부를 액목현으로 옮겼는데 당시 단장은 박관해朴觀海가 맡았고 주요간부로는 양호·최동욱·이창운·오성륜 등이 활동하였다. 그러나 이와 같이 중국 동북 지방에서 막강한 조직력을 가지고 활동하였던 적기단도 1931년 일제의 만주사변에 의한 무력공격에 따라 해체되었다.

국제혁명자후원회에서의 활동

이동휘는 1924년 2월 꼬르뷰로가 해산된 후 블라디보스토크 신한촌의 당 도서관장이라는 한직에 배치되었다. 이후 이동휘는 조선 국내의 동포들이 해외 동포의 위문을 목적으로 보내준 조선백과사전과 도시·농촌 등 각지에서 수집한 책들을 가지고 연해주 지역 한인들의 문맹퇴치 운동을 전개하였다. 동시에 협동조합을 조직하여 국내 함흥에서 과수와 뽕나무를 가져다가 연해주 지역에서는 처음으로 과수재배와 잠업(누에 치기)을 시작하였다.

이동휘는 이러한 활동을 하면서도 조선 국내와 남북만주에서 항일독립운동을 전개하고 있는 독립운동가들과 직·간접으로 연락을 취하였다. 이제는 자신이 항일독립운동의 전면에 나서는 것이 아니라 뒤에서 지원하는 형태로 전환한 것이었다. 또한 이동휘는 1925년 1월 18일부터 22일까지 5회에 걸쳐서 『동아일보』에 '동아일보를 통通하야 사랑하는 내지동포內地同胞에게'라는 글을 발표하여 국내와도 연결을 가지려고 노력하였다.

이르쿠츠크파 주도하에 있는 오르그뷰로에서 파견한 김재봉·김찬·신철 등에 의하여 제1차 조선공산당이 1925년 4월 17일 국내에서 결성되었다. 이에 이동휘는 국내의 상황을 알아보기 위하여 11월 박응칠을 서울로 비밀리에 잠입시켰다. 이동휘의 밀서를 가진 박응칠은 상해파 고려공산당 당원이었으며 당시 서울에서 활약하고 있던 김철수를 만났다. 박응칠은 이동휘의 밀서를 김철수에게 건네주었는데 그 내용은 다음과 같다.

국제당에서 연락이 왔소. 내지에서 화요파 중심으로 결성된 조선공산당이 국제공산당에 승인을 요청한 모양인데 국제당에서는 내가 찬성을 하면 승인을 한다고 하오. 이에 대해서 해외의 동지들은 반대할 것을 말하고 있는데 내지의 동지들의 의견은 어떠한지 연락 바라오.

김철수는 이동휘의 편지를 보고 난 후에 박응칠에게 다음과 같이 말하였다.

나는 지금까지 조선공산당을 화요파당이라고 해서 반대하고 공격만 해왔소. 그러나 이제 우리는 결정할 때에 이르렀어요. 지금 다수 동지가 피검되고 1백 명이 넘는 동지가 예심을 당하고 있지 않습니까. 차제에 제국주의와 투쟁하기 위해서는 지금의 공산당을 보존하고 그 세력을 확장시켜 나가야 해요. 이제 나와 이봉수는 정식으로 조공에 들어가겠소. 나와 이봉수에게 맡겨 주세요. 생명을 걸고 해 보겠소.

박응칠에게 조선공산당에 입당할 의지를 밝힌 김철수는 이동휘에게도 자신의 뜻을 담은 편지를 썼는데 그 내용은 다음과 같다.

우리는 무엇보다 공산당을 살려 나가야겠습니다. 공산주의자라면 이제 파당을 초월해서 당을 지켜야 할 때입니다. 국제당에 승인을 찬성한다는 전보를 쳐 주십시오. 내지에서의 일은 이봉수와 제게 맡겨 주십시오.

김재봉·김찬·조봉암·김단야·박헌영·임원근·홍증식 등 화요회에 의하여 조직된 제1차 조선공산당은 반제반봉건 민족해방운동을 주장하고 '타도 일본제국주의'·'타도 일체봉건세력'·'조선민족해방만세'·'국제 공산당만세' 등의 강령을 제시하며 투쟁을 전개하였다. 그런데 1925년 11월 22일 신의주사건으로 인하여 조선공산당원 검거작업이 진행되어 조선공산당은 궤멸적 상태에 빠지게 되었다.

경찰의 추적을 모면한 김재봉·김찬·주종건 등 제1차 조선공산당 지도부는 조직을 보위하고 새로운 투쟁을 모색하기 위하여 1925년 12월 15일 당중앙 책임비서에 강달영, 고려 공산청년회 책임비서에 권오설을 임명하여 제2차 조선공산당을 출범시켰다.

제2차 조선공산당은 민족주의 진영과 합동하여 민족협동전선을 결성하고 갈등관계에 있는 서울청년회와 북풍회를 당내로 끌어들이는 것을 당의 주요한 사업목표로 정하고 활발한 활동을 전개하였다. 그런데 1926년 6·10만세운동 사건으로 인하여 6~8월에 책임비서 강달영을 비롯한 130여 명의 당원이 검거됨으로써 해산되었다.

국내에서 100여 명 이상의 공산당원이 검거되는 사건이 발생하자 해삼위시 공산당 연해주위원회 선전부에서 활동하고 있던 이인섭이 이동휘를 찾아와서 군중대회를 소집하여 이 사건을 성토할 준비를 하고 있다고 하였다. 이에 이동휘는 다음과 같이 말하였다.

1911년 조선에서 일본경찰에 감금되었던 우리 105인은 참말 고독하였소. 그러나 그 철망 속에서 벗어나서 지금 공산당을 조직하여 가지고 사업하는 동지들이 있습니다. 그런데 지금 조선에서 감금된 공산당원들은 민족주의 혁명자들이 아니고 공산주의 혁명자들인 만큼 고독하지 않습니다.

무산자의 조국인 소비에트 국가 내에는 늙은 혁명자들이 조직하고 활동하는 국제혁명자후원회가 조직되어 세계 각 자본국가 감옥에서 고통받는 혁명자들을 후원하여 주고 있습니다. 나의 생각에는 조선 서울에 갇힌 공산주의자들에게도 물론 후원이 있으리라고 생각합니다.

나는 지금 노년시기에 직접으로 이 혁명운동 전선에서 투쟁하는 전사는 되지 못하여도 이 전선에서 용감히 투쟁하다가 희생이 된 세계자본국가 감옥에서 고통받는 혁명자들을 위하여 이 국제혁명자후원회 사업에 열성적으로 참여하려고 결심하였습니다.

이후 블라디보스토크 신한촌에서 조선노력군중대회가 열렸다. 이동휘는 이 대회 연단에서 "일본 제국침략주의 정책에서 조성되는 그들의 금수적 악행과 비인간적 행정을 폭로 규탄하는 동시에 이 악물들을 박멸하는 투쟁에서 희생된 혁명자들을 후원하여 주기 위하여 우리는 모두 이 국제혁명자후원회 대열에 들어서서 열성적으로 이 사업에 참가하여 활동하자" 역설하였다. 이 대회가 끝난 후 이동휘는 블라디보스토크 국제혁명자후원회 시 간부 조직지도원으로 임명되었다.

이동휘는 노년시기 직접 혁명운동 전선에서 투쟁하는 전사는 못되었지만 이 전선에서 맹렬히 투쟁하다가 희생된 혁명자들을 정신적으로 물질적으로 후원하여 주는 국제혁명자후원회에서 적극적으로 활동하였다. 그리하여 1927~1929년까지 블라디보스토크 국제혁명자후원회 시

간부로 활동하였고, 1930~1935년까지는 변강 국제혁명자후원회에서 활동하였다.

이 당시 원동 변강 조선인들이 거주하는 도시나 농촌을 막론하고 어장·탄광·목재소에까지도 국제혁명자후원회 지회가 조직되었는데, 모든 사람들이 이 후원회에 가입하여 활동하였다. 또한 각 농촌 집단농장에서는 국제혁명자후원회 회원들이 국제혁명자후원회 이름으로 토지를 구입하여 공동으로 노력한 후 가을에 이 밭에서 얻은 수확금을 국제혁명자후원회 간부에게 의연금으로 기부하였다.

뿐만 아니라 때때로 공동노동을 조직하여 수립되는 금전을 국제혁명자후원회 기본금으로 구역 간부나 시 간부에게 기부하였다. 특히 이동휘는 1932년 10월 12일 원동 변강 국제혁명자후원회에서 활발한 활동을 전개하였다고 훈장을 표창받았다.

조선공산당 재건운동

1926년 6·10만세운동 사건에 의하여 강달영 책임비서 등 130여 명의 당원이 검거됨으로써 제2차 조선공산당은 와해되었다. 이때 검거를 피한 인물들은 조직부장으로 활약하던 김철수를 비롯하여 홍남표·구연흠·오희선·신동호·고광수·신용기 등이었다. 이들은 6·10만세운동 이후의 후속 조치들을 협의하는 가운데 당 차원의 재건 활동을 시작하였다.

그 결과 1926년 9월 2일 동소문 밖 산속에서 김철수·오희선·원우

관·신동호 등이 만나 당 재건을 협의하고 9월 20일 김철수를 책임비서로 추대하였는데, 이것이 바로 제3차 조선공산당이다. 일제의 탄압으로 인해 1·2차 조선공산당이 와해되어 제3차 조선공산당의 시급한 문제는 당원의 확보였다. 책임비서 김철수의 입장은 제3차 조선공산당에는 파벌이 있어서는 안 된다는 것이었다. 그러나 당원 확보작업은 1·2차 조선공산당 검거 시 화요회파가 많이 검거되어 검거를 피한 서울청년회파와 일본에서 귀국한 일월회파를 중심으로 전개되었다.

당원 확보작업은 서울청년회파 출신의 이영·박형병·이병의·김병일·이인수·권태석·김준연 등을 입당시켰고, 일월회파의 안광천·하필원·양명 등을 포섭하는 성과를 거두었다. 당원이 확보되고 당 조직이 정비되어 가자 김철수는 조선공산당 제2차 당대회를 1926년 12월 6일 서울 서대문 형무소 앞 천연동에서 개최하였다.

조선공산당 제2차 당대회에서는 첫째 김철수의 제의로 중앙간부의 개선이 있었다. 즉, 김철수는 책임비서직을 사퇴하고 당 승인을 위하여 모스크바로 출발한다는 방침이 의결되고, 후임 책임비서직에 안광천을 선임하는 새로운 당 지도부를 승인하였다.

둘째로 민족단일당에 관한 논의가 전개되었다. 1926년 후반기 민족주의자 내부에서 일제와의 타협주의자들이 나타나자 비타협적 민족주의자들과의 제휴 문제가 재개되었는데 이것이 민족단일당 문제로 발전되었다. 이것은 코민테른의 통일전선 방침을 수용한 것으로 보이며 이후 이러한 논의의 성과로 1927년 신간회가 결성되었다.

한편 김철수는 1926년 12월 17일을 전후한 어느 겨울날 통역인 김강과 함께 서울을 출발하여 1927년 2~3월경에 모스크바에 도착하였다. 김철수는 코민테른 중앙집행위원회 동양부에 가서 당 재건 과정을 보고하였다.

그런데 이 보고 장소에 제1차 조선공산당 화요회파 핵심 인물로 검거를 피한 김찬·조동호·김단야 등이 나타나서 제3차 조선공산당의 승인을 정면 반대하였다. 이들은 제3차 조선공산당이 당의 전통을 무시하고 재건되었으며, 서울청년회파가 많이 가담한 것을 비난하였다.

이러한 와중에도 김철수는 일제의 무서운 검거 선풍 속에서 어떻게 당을 정리하고 재건하였는지를 코민테른에 자세히 보고하였다. 이에 코민테른은 1927년 봄(5~6월로 추정) 제3차 조선공산당을 승인하였다. 김철수가 코민테른으로부터 승인을 받고 한국에 돌아온 것은 7월경이었다.

김철수가 서울에 도착하였을 당시에 제3차 조선공산당은 일월회파와 서울청년회파 간에 파벌대립 문제가 심각하게 대두하고 있었다. 즉, 제3차 조선공산당에서 전혀 요직을 차지하지 못한 서울청년회파는 동경에서 귀국한 유학생들이 한국사회의 현상에 대한 아무런 구체적 지식도 갖추지 못한 채 추상적인 이론만 숭배하는 거만한 학생들이라고 일월회파를 끊임없이 비난하였다. 이에 일월회파는 서울청년회파가 이론적인 면에서 마르크스-레닌주의를 전혀 이해하지 못하고 있으며 따라서 공산주의운동을 지도할 자질을 갖추지 못하고 있다고 비난하였다.

이러한 상황에서 일월회파는 서울청년회파의 일부를 설득하여 '마르크스-레닌주의 동맹'이라는 이데올로기적 순수성을 신봉하는 집단을 형성하였는데, 후일 이 단체는 마르크스·레닌의 영어 첫 머리글자를 따서 ML파 공산당으로 불렸다. 이 ML파가 주도권을 장악하면서 당의 파벌투쟁은 가열되었고, 지도부에도 잦은 이동이 생기게 되었다. 당 책임비서는 안광천에서 김준연으로 그리고 김세연으로 교체되는 과정을 거치게 되었다.

서울청년회파의 지도자 이영은 마침내 1927년 12월 21일 서울 무교동에 있는 춘경원이라는 음식점에서 서울청년회파 지방대표들을 소집하여 당 회의를 개최하였다. 이 회의에서 서울청년회파는 새로운 조선공산당의 결성을 합의하였다(일명 춘경원공산당이라고도 불림).

이영이 책임비서로 선출되었고 정치부·조직부·선전부·검사부의 책임자가 각각 임명되었다. 그리고 블라디보스토크 연해주에 거주하면서 국제혁명자후원회에서 활동하고 있던 이동휘 등 구 상해파와 연결을 가졌다. 또한 서울청년회파는 ML파 공산당을 부인하고 코민테른으로부터 승인을 얻기 위하여 제6차 코민테른 대회를 전후하여 이동휘·김영만을 대표로 파견하였다.

이와 같이 서울청년회파 공산당의 출현으로 인해 파벌투쟁이 절정에 달했을 때 김철수가 서울에 도착하였다. 화요회파는 김철수에게 힘을 합쳐서 ML파 공산당을 제거하자고 제의하였다. 이에 김철수는 화요회파의 제의를 거부하고 파벌투쟁의 청산을 당원들에게 호소하였다. 그러나 ML파 공산당은 김철수를 파쟁으로 몰았다. 일제의 검거 위험과 당내 ML파의 전횡에 실망한 김철수는 다시 러시아 극동 지방으로 탈출하였다.

김철수는 모스크바로 갔다. 그는 코민테른 당국에 ML파 공산당의 전횡을 보고하고 당의 승인을 해체하여 줄 것을 요청하였다. 승인을 받은 것도 자신인데 해체 요구를 한 것도 자신이니 괴로웠다. 하지만 김철수의 요청에 의하여 제3차 공산당은 코민테른으로부터 승인이 해체되었다. 그 시기는 제6차 코민테른 대회가 열리기 직전인 1928년 6월이었다.

ML파 공산당과 서울청년회파 공산당의 파벌투쟁은 1928년에 접어들어 상대방에 대한 정보를 경찰에 제공할 정도로 절정에 달하였다. 그리하여 1928년 2월 김준연·김세연·하필원 등 30여 명의 제3차 조선공산당 간부들이 검거되었다. 한우건 등 검거를 모면한 몇 명의 당원들은 1928년 2월 27일부터 28일까지 서울 교외에 있는 김병환의 집에서 조선공산당 제3차 당대회를 개최하였다.

이 회의에서는 먼저 '조선공산당 당칙'을 통과시키고 이정윤이 상해에서 가져온 코민테른 결정서에 대해서 토론하였다. 코민테른 문서는 통일전선 문제에 대해 서울청년회파의 이영과 대립하고 있던 ML파의 입장을 인정하면서 한국공산주의자의 가장 중요한 임무는 여러 파벌을 통합하고 신간회에서 주도권을 장악하는 것이라고 역설하였다. 그리고 이를 달성하기 위해서 한국공산주의자는 대중 속으로 들어가야 하며, 모든 인텔리겐차를 지도권에서 추방하고 그들을 노동자와 농민으로 대체해야 한다고 하였다.

이에 한위건은 회의 참석자들에게 신간회의 유력한 지도자인 홍명희·권태석·송내호 등이 신간회 내에 공산주의 세포를 설치하기 위하여 적극적으로 활동하고 있다고 설명하였다. 이어서 집행위원과 중앙심사위원을 선출하기 위하여 이경호·정백·이정윤 등 3인을 전형위원으로 선정하였다. 이들은 곧바로 조직인선에 착수하였는데 이것이 바로 제4차 조선공산당이다.

제4차 조선공산당의 책임비서로는 차금봉이 지명되었고 정치부장에는 안광천, 조직부장에는 김한경, 검사위원장에는 한위건, 고려공산청년회 책임비서에는 김재명이 임명되었다. 이 밖에 양명·한명찬·한해·이성태·윤택근 등이 간부로 선출되었다. 이와 같이 조직이 정비되자 제4차 조선공산당은 1928년 2월 28일 양명을 상해에 있는 코민테른 극동총국에 파견하였다. 이어서 한해·김향식을 모스크바에서 개최되는 프로핀테른(적색노동조합 인터내셔널) 제4회 대회에 파견하였다. 그리고 3월 중앙위원회에서는 양명과 한해를 1928년 7월 1일부터 개최되는 코민테른 제6회 대회에 조선공산당 대표로 파견할 것을 결정하였다.

제4차 조선공산당은 당 세칙을 제정하고 정치논강을 발표하였으며 만주·북경·상해·일본 등지에 해외조직을 설치하는 등 활발한 활동을 전개하였다. 그러나 1928년 6월 19일 당 기관지『조선지광』을 경영하던 중앙집행위원 이성태의 검거를 시작으로 7월 5일에는 한명찬과 몇명의 중앙집행위원이 검거되고, 8월 22일부터 전국적인 검거가 단행되어 175명이 체포되었다. 검거를 모면한 사람도 10월 5일까지 전부 체포되어 제4차 조선공산당은 완전히 궤멸되었다.

이와 같은 상황에서 코민테른 제6회 대회(1928년 7월 1일~9월 1일)가 모스크바에서 개최되었다. 전술했듯이 ML파 공산당을 계승하여 조직된 제4차 조선공산당은 이 대회에 양명과 한해를 파견하기로 결정하였다.

그런데 상해 코민테른 극동총국에 파견되었던 양명은 그곳에 머무르고 있었고 김항식과 함께 프로핀테른 제4회 대회(1928년 3~4월)에 참석하였던 한해는 1928년 4월 일시 귀국한 후 다시 모스크바로 갔으나 제6회 대회 개회 중에는 도착하지 못하였다.

한편 ML파 공산당에 대항하여 1927년 12월 독자적으로 일명 춘경원 공산당을 조직하였던 이영 등 서울청년회파 공산당은 블라디보스토크에 거주하고 있던 이동휘 등 구 상해파와 연계를 가지면서 자파 세력에 주력하였다. 이들은 코민테른 제6회 대회에서 ML파 공산당을 부인하고 서울청년회파의 공산당을 조선 유일의 공산당으로 승인받기 위하여 이동휘·김규열 같은 노련한 인물들을 대표로 파견하였다. 특히 ML파의 공격과 일제의 검거 위협으로 러시아 지역으로 피신하였던 김철수는 이들과 같이 활동하면서 ML파 공산당 부인에 앞장섰다고 한다.

또 ML파 공산당이나 서울청년회파 공산당이 아닌 인물이 이 대회에 참가했는데 그 사람은 다름 아닌 김단야였다. 1925년 4월 제1차 조선공산당 결성 시 간부였던 김단야는 일제의 검거를 피해 국외로 탈출한 후 1926년 4월 모스크바의 레닌학교에 입학하였고 코민테른 제6회 대회 때에는 모스크바에 체류 중이었다.

코민테른 제6회 대회에 ML파의 제4차 조선공산당은 양명과 한해의 파견을 결정했으나 이들은 참석하지 못하였고, 이 대회에는 서울청년회파와 상해파의 대표로 이동휘·김규열 그리고 화요회파 대표로 김단야가 참석하였다. 코민테른은 2개의 조선대표단이 참석하자 의결권과 평의권을 가진 공식적인 대표로 인정하지 않았다. 단지 서울청년회파의 이동휘·김규열만이 내빈의 자격으로 참가가 허락되었다. 코민테른은 조선공산당의 내분을 이미 알고 있었기 때문에 서울청년회파의 이동휘·김규열에게 방청을 허용하는 선에서 자격을 제한하였다.

조선공산당을 새로운 지부로 인정하는 결의를 채택하였던 코민테른 제6회 대회는 단일 민족혁명당의 건설을 시도하는 대신 민족혁명조직의 행동을 통일하기 위해 공동위원회를 조직하고 각종 단체로 하여금 공산주의적 지도 아래 명실상부한 혁명적 활동가들만의 조직으로 당을 구성할 것을 조선공산당에 지도하였다.

그런데 대회의 제10회 회의(7월 26일)에서 일본대표 사노 마나부佐野學는 조선의 혁명운동이 중국혁명과 일본제국주의의 붕괴에 있어서 중요하다는 것을 강조하고 다음과 같이 말하였다.

그럼에도 불구하고 조선의 동지들의 끝없는 파벌싸움은 조선의 통일된 공산당의 창설을 방해하고 있다. 고로 우리들은 코민테른이 조선에서 통일된 볼셰비키적 당을 건설하기 위해 구체적 조치를 강구할 것을 권고한다.

코민테른은 일본대표 사노 마나부의 제의에 의거하여 조선공산당 조직 문제에 관한 결정을 집행위원회 동양서기국에 위임하였다. 위임에 따라 동양서기국은 사노 마나부를 위원장으로 하고 취추바이瞿秋白(중국)·월터넨(이탈리아)·미프(러시아) 등 3인을 위원으로 하는 조선문제위원회를 구성하였다.

조선문제위원회는 ML파와 서울청년회파 등 양 파의 의견을 듣기 위하여 그 대표들을 불렀다. 서울청년회파에서는 이동휘·김규열이 응하였고, 화요회파에서는 김단야가 응하였으며 제6회 대회에 참석하지 못하였던 ML파는 이후 양명과 한빈이 모스크바에 도착하여 응하였다.

조선문제위원회가 작성한 테제는 대회 폐회 3개월 후인 12월 10일에 열린 집행위원회 정치서기국 회의에서 동양서기국으로부터 제출되어 채택되었다. 이것이 바로 '조선문제에 관한 결의', 소위 '12월 테제'이다. 12월 테제는 1929년 2·3월의 『인푸레콜』 각국어판에 게재되었다.

12월 테제는 조선공산당의 승인이 취소되고 해체가 지시된 것을 전제로 하여 작성된 조선공산당 재건지침서였다. 이제 조선공산주의자들에게 내려진 임무는 12월 테제를 기본지침으로 하여 노동자·농민의 대중적 기반 위에서 조선공산당을 재건하는 것이었다.

코민테른은 12월 테제를 발표한 후 조선공산주의자들에게 '일국일당주의 원칙'에 의거하여 새로운 당 조직의 건설보다 공산주의자 각 그룹이 자신들이 활동하는 현지에서 그 지역의 당 조직에 들어가 지역의 혁명운동에 복무하도록 지시하였다. 12월 테제가 발표되었을 때 모스크바에 있었던 이동휘·김규열·양명·한빈·김단야 등은 각기 이 문건을 접수하여 1928년 12월 블라디보스토크로 돌아왔다. 이후 12월 테제는 각 파벌을 통하여 국내의 공산주의자들에게 널리 알려졌다.

코민테른의 12월 테제를 가지고 블라디보스토크에 돌아온 이동휘와 김규열은 자파 세력들에게 코민테른의 견해를 설명한 후, 파벌을 초월하여 조선공산당을 조직할 것을 결의하였다. 그리하여 블라디보스토크

에서 이동휘·김철수·윤자영·오산세·김일수·최동욱·조덕진(상해파),
김규열·김영만(서울청년회파), 안상훈(화요회파), 김영식(ML파) 등이 초당
파적으로 회합을 갖고 조선공산당 재건방도를 협의하였다.

　이들은 조선공산당이 국내에 재건되어야 한다는 데 일단 동의하였다.
하지만 조선 국내는 일제의 탄압이 심하므로 우선 한국과 지리적으로
가장 인접한 중국 동북 지방 길림성 돈화현을 근거지로 설정하여 조선
공산당 재건운동을 전개하기로 결정하였다. 이들은 1929년 1월 코민테
른과 연락사무를 담당할 총지휘자로 이동휘만을 블라디보스토크에 남
겨 놓고, 길림성 돈화현 주건의 집에 모여 조선공산당 재건준비위원회
를 조직하였다.

　조선공산당 재건준비위원회는 기관지로『볼셰비키』를 발행하였는데,
여기에 조선공산당 재조직 문제, 전략과 전술 문제, 토지혁명 등에 관한
기사를 실어 조선공산당 재건방침을 분명히 하였다. 그리고 12월 테제
와 조선공산당 재건준비위원회의 방침을 이준열·방한민이 이끄는 국내
의 14명의 공산주의 지도자들에게 전달하기 위하여 안상훈·송무영 등
의 요원을 파견하였으나 어떤 결실도 이루지 못하고 체포되었다. 단지
홍달수만이 청진·함흥 등을 왕래하면서 세포를 조직하고 국외 동지들
과의 연락을 맡았다.

　이러한 어려움을 본 책임비서 김철수는 1929년 8월 중앙집행위원회
에서 국내에 침투하려고 한 계획을 일시적으로 변경하고 만주에서 조선
공산당 재건준비위원회의 세력을 강화하기 위하여 주건의 지도하에 조
선공산당 재건준비위원회 만주지부를 결성하였다.

러시아 하바롭스크시 변강 모뿌르 연성자대회(1932년 10월 12일) 가운데 줄 오른쪽에서 두 번째가 이동휘

조선공산당 재건준비위원회 만주지부의 설치는 코민테른의 '일국 일당의 원칙'에 배치되는 것으로 비판을 받았다. 그래서 1930년의 간도 5·30사건 직후 조선공산당 재건준비위원회는 만주지부를 해체하였으며, 중국공산당에 입당하는 자와 조선 국내로 잠입하여 조선공산당을 재건하는 두 파로 나뉘었다.

코민테른은 조선의 공산주의자들에게 12월 테제를 기본지침으로 하여 노동자·농민의 대중적 기반 위에 조선공산당을 재건할 것을 지시하였으나, 조선 국내에서는 1928년 7월 제4차 조선공산당의 당 조직이 파괴된 이후 당의 재건은 실현되지 않았다.

노년에 접어든 이동휘가 코민테른 제6차 대회 및 조산공산당 재건운동에 참가한 시기는 그의 정치 활동에 있어서 마지막 시기였다. 1930년대 이후 그의 행적은 자세히 알려져 있지 않으나 꾸준히 조선혁명운동을 지원하였다고 한다.

1935년 1월 이동휘는 수청 지방에서 국제혁명자후원회 세포조직을 시찰하고 알촘 탄광으로 나오다가 눈보라를 만났다. 알촘 탄광에서 고향친구이며 의사인 이시엽의 집에 당도한 이동휘는 독감에 걸리게 되었다. 친구 이시엽이 진심으로 치료를 하였음에도 불구하고 병세의 호전이 없어 블라디보스토크 신한촌 자택으로 옮겼다. 블라디보스토크의 의사들은 이동휘를 치료하려고 최선을 다하였으나, 고령과 피로에 지친 이동휘는 병세가 악화되어 1935년 1월 31일 오후 7시경 63세를 일기로 세상을 떠났다.

2월 1일에 이동휘의 죽음이 『선봉신문』에 부고로 났고, 2월 4일에 장례식이 거행되었는데 많은 한인들이 추도하였으며, 한인대표로 박정훈이 추도사를 하였다. 이동휘의 묘소는 현재 블라디보스토크에서 북쪽으로 약 50킬로미터 떨어져 있는 끼바리소보라는 조그마한 동네에 위치하고 있다.

글을 마치며

이동휘의 생애와 항일역정抗日歷程은 크게 다음과 같은 4단계로 나누어 살펴볼 수 있다.

첫 번째 단계는 1873~1905년까지의 시기로 이동휘의 초기사상 형성 단계이다. 이동휘는 그가 태어난 단천군의 통인생활을 통하여 구체적으로 현실정치를 경험하게 되었다. 이 과정에서 이동휘는 봉건적인 정치체제의 모순을 느끼고 서울로 올라와 무관학교에 입학하여 근대적 기술과 함께 근대적 합리주의를 익히는 한편, 당시 서울에서 벌이지고 있던 개화운동을 목격할 수 있었다.

또한 그는 중인계급 출신으로서, 양반이 갖기 쉬운 유교적인 명분론에 매일 필요가 없이 극히 현실주의적인 입장을 갖출 수 있었다. 여기에는 아전 출신으로 당시 봉건사회의 개혁을 열망하고 있던 아버지 이승교의 역할이 크게 작용하였다. 이후 이동휘의 현실주의적인 입장은 그의 생애를 통하여 변함없이 지속되었다.

이 시기 이동휘는 무인신분으로 개혁당改革黨과 대한협동회大韓協同會 활동에 참가함으로써 자신의 개혁사상을 전진시켜 가는데, 그가 봉건체제에 대한 모순을 절감하고 이에 대해 뚜렷한 인식을 정립하는 것은 윤철규 강화부윤 처리 과정과 을사늑약 강제 체결을 계기로 한 그의 항변 유서抗辯遺書를 통해서였다.

그는 이를 통하여 기존 봉건통치기구 말단에서 자행되는 학정에 대한 모순에서 더 나아가 국왕 고종에 대한 비판적 인식을 가지기에 이르렀고, 일본 제국주의에 대한 인식도 이때에 이르러 명확히 확립되어 갔다. 즉 이동휘는 한말에서 일제의 식민지화로 이르는 과정에서 한민족의 중심과제였던 반봉건·반제국주의에 대한 자신의 과제를 이 시기에 설정할 수 있었던 것이다. 여기에 그의 현실주의적인 실천적 관점은 이동휘로 하여금 자신을 민족운동에 적극적으로 투신하게 하는 방향으로 작용하였다.

두 번째 단계는 1905~1913년에 이르는 시기로, 그가 기존 왕조체제에 대한 실망과 좌절 속에서 당시 문명개화의 통로로 인식되던 기독교를 수용하여 계몽운동을 통해 국권회복운동에 참여하는 단계이다. 이동휘는 국권회복을 위한 실력양성의 한 방법으로 새로운 학문과 근대문명을 수용하는 것이 무엇보다도 중요하다고 생각하여 기독교에 입교한 후 근대학교를 통한 교육과 계몽에 역점을 두는 한편, 각종 계몽단체에 활발히 참여하여 민중계몽운동을 통한 국권회복운동에 혼신의 힘을 기울였다.

강화도를 기반으로 하여 보창학교普昌學校를 설립하는 것을 시초로 그가 전개한 학교설립운동은 당시의 교육구국운동을 대표할 만한 것이었다. 그는 교육계몽운동을 통하여 민중들에게 많은 영향을 줄 수 있었다.

그에게 있어 교육과 종교 활동은 불가분의 관계에 있는 것으로 항상 병존하고 병행하는 표리적表裏的 성격을 이루고 있었다. 이 당시 이동휘의 구국방략은 국민을 애국주의와 신지식으로 계몽하여 국권회복을 위한 민족간부로 육성하여 내부 실력을 기른 다음 독립을 쟁취한다는 교육구국운동이었다.

이와 함께 그는 당시의 대표적인 계몽단체였던 대한자강회·국민교육회·서우학회·한북흥학회·서북학회·신민회 등에 참여하여 적극적으로 활동하였으며 이를 통하여 구국방략을 새롭게 전진시켜 갈 수 있었다. 이동휘는 1907년 강화도 진위대의 의병봉기를 통하여 자신의 계몽사상을 한 단계 발전시킨 독립전쟁론으로 전환해 갔다.

당시 독립전쟁론은 한말 민족운동이 도달한 최고 수준의 구국운동방략이었던 바, 이동휘가 이러한 독립운동방략을 정립한 것은 이때까지의 그의 사상과 활동이 응결된 결과였으며 신민회 활동에서 비롯된 바가 컸다. 그러나 이 시기에는 동시에 그가 국내에서 활동할 수 없는 제조건이 가해지고 이동휘 스스로도 두 번에 걸친 체포를 당하게 되었다. 따라서 그는 1913년 봄, 자신의 활동 근거지를 북간도로 옮기게 되었다.

세 번째 단계는 1913~1916년까지의 시기로 그가 북간도와 연해주에서 그의 독립전쟁론을 구체적으로 실천에 옮기게 되는 단계이다. 이동휘는 1913년 초 북간도로 망명한 후 그의 독립운동방략이었던 독립전쟁론을 현실에서 구현하기 위해 일관된 노력을 보였다. 그는 국내에 있을 때부터 연계를 맺었던 북간도 한인사회를 기반으로 하여 학교설립운동을 계속하는 한편으로, 1912년 연해주 블라디보스토크에서 신채호·

이갑 등이 주도한 광복회光復會 북간도 지부를 조직하여 무장투쟁을 위한 인재양성에 주력하였다. 그리고 여기서 더 나아가 동림무관학교와 밀산무관학교를 세워 군사훈련과 군사기술 습득을 통해 장차의 독립전쟁에 대비하였다.

그러나 이동휘의 독립전쟁론이 더욱 구체적으로 시험된 것은 연해주에서의 활동을 통해서였다. 그는 연해주에서 권업회·대한광복군정부·신한혁명당에 가담하면서 독립군을 양성하는 한편, 북간도 지역 의병단과의 공동 대일항전을 결의하고 그 구체적인 실천을 모색해 갔다. 이때 그는 신민회 시절부터 모색되었던 열강과 일본의 대립 상황이 조성될 때 무장행동을 도모한다는 독립전쟁론의 계획을 실천에 옮겼는데 이는 당시 제1차 세계대전에 대한 정세 판단에 기초를 둔 것이었다. 즉 그는 러·일, 중·일 및 독·일 사이의 대립을 상정하고 구체적인 실력행동에 돌입할 계획을 세워 나갔다. 그러나 사태는 그의 예상과 다르게 진행되었고 열강과 일본 간의 모순과 전쟁발발을 이용하여 독립전쟁을 일으킨다는 그의 계획은 실패하고 말았다. 그의 독립전쟁론은 객관적인 정세 판단에 오류가 있었고 그는 여기에서 커다란 역량의 한계를 느끼지 않을 수 없었다.

이후 그는 북빈의용단을 설립하여 독립군 양성에 주력하는 한편, 권업회의 후신으로 설립된 노병회의 지원을 받아 일련의 무장행동을 전개하였지만 이는 근본적인 역량의 한계 속에서 진행되는 것이었다. 이에 그의 독립전쟁론은 일단 좌절을 겪게 되었다. 더욱이 그는 당시 일제의 압력에 의해 체포까지 당하게 되어 생사존망의 상황에 놓이게 됨으로써 당장의 미래도 기약할 수 없었다. 러시아혁명의 성공으로 인하여 극적으로 구출된 그는 이제 과감하고도 근본적인 전환의 필요성에 직면하였고, 식민지 해방을 약속하는 러시아혁명의 성공은 그로 하여금 다른 선택의 여지를 극히 좁혀 놓았다.

네 번째 단계는 1917년부터 그가 사망하는 1935년까지의 시기로 사회주의를 통한 독립운동기다. 1917년 러시아혁명 후 독립전쟁론 실현을 목적으로 사회주의를 수용하였던 이동휘는 한국인 최초의 사회주의 정당이었던 한인사회당韓人社會黨을 조직하고, 상해 대한민국임시정부 초대 국무총리가 된 후 상해파 고려공산당을 창당하여 초기 공산주의운동을 주도하였다. 그는 1923년 이후에도 지속적으로 사회주의에 대한 공감에 기초하여 적기단赤旗團, 국제혁명자후원회 활동, 조선공산당 재건운동에 관여하였다.

이와 같이 이동휘는 민족운동의 전역정全歷程에서 언제나 실천을 앞세우고 철저히 '건강하고 열린 현실주의적 관점'에 입각하여 일생을 오로지 민족의 독립에 바친 민족혁명가였다. 또 민족운동 전개의 매 단계에서 자신의 사상과 실천노선을 민족운동의 변화에 능동적으로 대응시켜 간 항일독립운동가였다. 이동휘의 생애에는 항일독립운동 자체의 변화가 농축되어 있으며 또한 민족운동 전체의 성과와 한계가 같이 자리하고 있다. 또한 이동휘는 역사에 있어서 하나의 독특한 인간의 전형을 보여 주고 있기도 하다. 한 시대가 극단으로 흐를 때 그 시대의 가장 중요한 과제에 자신을 붙박고, 언제나 민족과 대중에 대한 애정에 기초하여 실천 중심의 생애를 살아간 그의 일생은 진정으로 '건강하고 열린 현실주의'가 얼마나 역사를 긍정적으로 바꿔 놓는 데 기여할 수 있는가를 웅변으로 보여 준다.

　결론적으로 이동휘는 국권피탈 이전 계몽운동가이자 실천활동가였으며, 일제강점 이후에는 건강하고 열린 현실주의자로 평생을 오직 항일독립운동에 헌신한 민족혁명가였다.

1873. 6. 20	함경남도 단천군 파도면 대성리에서 태어남. 아명은 독립, 본관은 해빈, 아호는 성재.
1880	향리의 사숙인 대성재에 들어가 한문을 익힘. 아전이던 아버지 이승교로부터 아전이 되기 위한 예의·법도를 배움. 모친이 병사하여 부친의 영향하에 성장.
1889	단천군 은장이 수공업자 딸 강정혜(18세)와 결혼.
1890	단천군수를 시중드는 통인으로 발탁. 군수 홍종후가 폭정을 일삼자 홍종후를 규탄하고 육군무관학교에 입학하기 위하여 상경.
1896	이용익의 도움으로 한성무관학교에 입학함.
1897	한성무관학교 졸업 참위(소위)로 임관하여 궁전진위대 근위장교로 근무.
1899. 7	원수부 군무국원에 임명.
1900. 12	정위(대위)로 승진. 당시 원수부 회계총장 민영환에게 훈도를 받고 애국심 고취, 일본 육군사관학교 출신 이갑·노백린·유동열 등과 교류.
1901	참령(소령)으로 승진하여 삼남검사관으로 임명.
1902	민영환·이준·이용익 등이 중심이 되어 비밀결사체 개혁당을 조직하자 이상재·박은식·노백린·남궁억·양기탁·장지연 등과 함께 가입하여 개혁정치를 도모.
1903. 5	강화도 진위대장으로 임명. 전임 진위대장 윤철규의 30만

	냥 횡령 및 진위대 병사 요식비 착취 사실을 규명하고 자 함.
1903. 11	강화도에서 미국인 선교사 벙커와 박능일 목사가 운영하던 사숙인 잠무의숙을 확대·발전시켜 강화도 최초의 근대적 사립학교인 합일학교 설립. 기독교에 입교.
1904	대한협동회에 참여하여 일제의 토지침탈획책에 반대투쟁을 전개. 대한협동회 평의장 직책을 맡아 일제의 인권유린 실태·국법침탈행위 등을 강력히 성토. 윤명삼·유경근 등과 함께 보창학교를 설립.
1904. 12	공진회에 참여.
1905. 3. 3	강화도 진위대장직 사임.
1905. 11	을사조약 강제 체결되자 「유소」, 「유고이천만동포형제서」, 「유고임공사서」 등의 글을 써서 그 위법성을 지적하고 반일의식을 고취.
1906. 4	대한자강회의 지부를 강화도에 유치하여 지부장을 맡음.
1906. 6	국문잡지 『가정잡지』 발행에 참여.
1906. 10	서우학회에 입회함과 동시에 강화도에 지회를 설치. 국민교육회에 가입, 한북흥학회 결성에 참여하여 평의장을 맡음.
1907. 3	한북흥학회 부회장의 직책을 맡아 지회설립을 독려하고 동시에 함경도 각지를 돌아다니며 학교설립을 촉구함. 이갑·유동열 등과 비밀결사체인 신민회를 조직.
1907. 8	군대해산령과 함께 서울 시위대의 봉기소식이 전해지자 이동휘의 영향을 받은 강화도 진위대의 김동수·연기우·지홍윤 등이 의병봉기. 이동휘는 경시청에 체포.

1907. 12	미국인 선교사 벙커의 노력으로 석방.
1908. 1	안창호·이갑·유동열 등과 함께 서우학회와 한북흥학회를 통합하여 서북학회를 조직. 보창학교의 소학교를 중학교로 개편하여 이 학교를 모델로 전국 각지에 자매학교를 설립.
1910. 1	용산헌병대에서 석방된 후 그리어슨 목사와 함께 함경도 지역에서 기독교를 통한 계몽운동을 전개.
1911. 7	'105인 사건'에 연루되어 서간도에 무관학교 설립, 독립전쟁을 일으켜 국권을 회복하려고 하였다는 혐의로 인천 앞바다 대무의도에 유배.
1912	간민자치회의 북간도 한인대표로 선발되어 북경 혁명정부에 파견. 리위안홍 총통을 만나 간민자치회의 승인과 협조 요청, 자치라는 말은 삭제하고 간민회만을 승인받음.
1912. 3	한·중·러 기독교선교단을 조직하여 총무로 활약. 연해주 블라디보스토크에서 광복회의 북간도 지회를 설치.
1913. 2~3	북간도 연길현 용정 명동촌으로 망명. 재만한인을 위한 농업진흥책을 강구, 학교설립을 통한 계몽운동 전개. 여성교육을 역설하여 명동학교 내 명동여학교가 부설. 동림무관학교와 밀산무관학교를 설립.
1913. 9	권업회의 초청으로 연해주 블라디보스토크 신한촌에 도착.
1913. 10	남도파·북도파 등 지방색을 타파하기 위하여 각파의 중요인물을 초대하여 파벌청산을 결의하게 함. 권업회의 각 지역을 순회하면서 민중계몽 강연회를 개최.
1914	이상설·이종호·이동녕·정재관·이강 등과 함께 대한광복군정부를 조직. 대한광복군정부의 부통령에 지명.

1914. 7	제1차 세계대전이 일어나자 러시아가 일본·독일과 동맹국이 되어 한인 독립운동가들을 탄압하므로 12월 왕청현 수분대전자 태평구의 동림무관학교로 이동하여 독립군 양성에 주력.
1915. 3	21개조 문제로 중·일 간에 긴장이 고조되자 북간도 지역 항일독립운동 세력을 규합하여 한·중 연합에 의한 대일무장투쟁을 계획. 신한혁명당을 조직하여 한·중·독의 연합군으로 일제와 대항하려 하였는데, 실패함. 동녕현 삼분구에 북빈의용단을 설립하고 왕청현 나자구에 무관학교를 설립하여 독립군 양성에 주력. 혼춘 지역과 연해주 지역의 무장세력과 연계하여 거병을 기도.
1916	일본 비밀첩보대는 이동휘가 중국 동부 지역 철도를 파괴하려고 계획하고 있으며 반러폭동을 기도하는 독일첩보원이라는 소문을 체계적으로 유포.
1916. 12	『만주리아 데일리 뉴스 신문』에 '동청철도 파괴공작' 기사 게재됨. 주모자로 이동휘를 거론.
1917. 1	독일간첩 혐의로 체포. 감옥에서 볼셰비키들과 접촉하여 『공산당 선언』과 레닌의 『유물론』·『경험비판론』을 탐독하고 원시적 초기 공산주의자로 육성되어 감.
1917. 12	자유시 지방의 러시아 육군감옥에 투옥되어 있다가 석방.
1918. 2	볼셰비키 극동인민위원회 의장 크라스노체코프의 주최로 하바롭스크에서 개최된 한인혁명가회의 참석.
1918. 4	극동인민위원회 의장 크라스노체코프를 만남. 독일 포로장교와 회견을 갖고 일제의 시베리아 출병에 대한 공동대책 논의. 길림장군 맹사원과 연락하여 대일 공동무력투쟁

추진.

1918. 4. 28	하바롭스크에서 비귀화 망명세력과 귀화 한인세력을 중심으로 한인사회당을 창당하고 위원장에 선출됨.
1918. 6. 13 ~24	전로한족회중앙총회 제2차 회의에 레닌정부 지지 승인 결의안 제출. 하바롭스크로 이전하여 볼셰비키세력과 제휴·협력하여 한인사회당의 영향력을 확대하려 하였으나 실패하고 명예회장으로 추대됨.
1918. 8	일본군·체코군·백위파군의 연합적 공세로 큰 타격을 입어 한인사회당 주도인물들과 중국령 한족생계회의 지부를 목능역 부근에 설치하고 중동철도연선 지역의 한인과 노령의 한인독립운동가들을 규합하여 항일독립운동기지 건설에 주력.
1919. 2. 25	전로한족회중앙총회가 전로국내조선인회의를 개최하여 대한국민의회를 조직, 선전부장으로 선출됨.
1919. 4. 25	블라디보스토크 신한촌에서 한인사회당 대표자대회 개최.
1919. 5	항일무장단체 신민단의 단장 김규면과 회담하여 한인사회당과 신민단의 통합을 선언.
1919. 8. 30	한인사회당 추종세력을 이끌고 상해 임시정부 국무총리로 취임하기 위하여 블라디보스토크를 출발함. 9월 18일 상해에 도착.
1919. 10. 28	임시정부 요인들과 최초로 시국 문제에 관한 회합을 갖고 여운형·안공근·한형권 등 3인을 임시정부 대표로 레닌정부에 파견하기로 결정.
1919. 11	코민테른에는 박진순을, 레닌정부에는 한형권을 파견하여 러시아의 신임과 원조를 확보하기 위하여 노력함.

1919. 11. 3	상해 대한민국임시정부 국무총리로 취임.
1920. 2	이승만 퇴진운동을 전개.
1920. 5	이승만 불신임안을 제출.
1920. 6	친이승만파에 의하여 불신임안이 거부되자 국무총리직 사임.
1920. 7	김립에게 보낸 편지가 안창호에 의하여 발각되어 문제가 제기되자 사태를 수습코자 다시 국무총리직에 복귀함.
1920. 8	한인사회당의 명칭을 고려공산당(한인공산당)으로 개칭하고 책임 중앙위원으로 선출.
1920. 12	만주 지역 독립군이 밀산을 거쳐 시베리아 이만으로 이동할 때 긴급구호금 2만 원을 보내어 이들을 위로함.
1921. 1. 10	레닌정부로부터 가져온 40만 루블의 자금으로 구한인사회당 대표자대회 개최.
1921. 1. 23	김립 등과 함께 정부의 자금을 횡령하였다고 상해 임시정부가 고발하는 포고를 내림.
1921. 1. 24	상해 임시정부 국무총리직 사임.
1921. 5. 20	고려공산당 대표자회의에서 중앙위원장으로 선출됨.
1921. 5. 23	상해파 고려공산당을 정식으로 출범시킴. 또 레닌정부 자금으로 간도·만주 방면에서 공산주의 선전 활동을 전개하고, 일본·중국·국내의 공산주의자들에게 원조를 행함.
1921. 6	박진순과 통역 이극로를 대동하고 모스크바로 감.
1921. 11. 28	상해파 고려공산당의 대표들과 레닌과 회담. 코민테른 지시로 상해파·이르쿠츠크파 고려공산당을 통합하기 위하여 고려공산당 임시연합간부를 설치, 위원으로 선출.
1922. 2	상해파 김철수, 이르쿠츠크파 안병찬·한명세 등과 함께 회합을 갖고 양 파 통합방안을 모색했으나 실패.

1922. 5	치타에서 상해파·이르쿠츠크파 양 파의 통합을 위한 임시 연합간부회의에 참석.
1922. 6	양 파가 블라고베센스크에서 회합을 갖고 고려중앙정청을 조직하고 통합당대회를 개최하기로 결정. 고려중앙정청 고문으로 선출.
1922. 10. 15	베르흐네우진스크에서 개최된 양 파 통합당대회에 상해파 대표로 참석. 집행부에 선임.
1922. 12	코민테른의 출두명령으로 모스크바에 도착. 코민테른 집행위원회가 상해파·이르쿠츠크파 양 파의 해산을 명하고 코민테른 극동국 산하에 꼬르뷰로(고려국)를 설치하여 그 지도하에 한국공산주의운동의 통일을 실현하라고 지시함에 따라 상해파에서는 이동휘·윤자영 등이 위원에 임명됨.
1923. 2	적기단의 본부를 만주 영안현 영고탑에 설치하게 함.
1924. 2	꼬르뷰로가 해산됨에 따라 블라디보스토크 신한촌의 당 도서관장이라는 한직에 배치됨. 당 도서관장 재직 시 문맹퇴치운동을 전개.
1925. 1	일소기본조약이 체결되자 블라디보스토크를 떠나 스챤 부근에 은거.
1925. 1. 25	'레닌 서거 1주년을 맞이하여'란 글을 『선봉』에 발표함.
1926	블라디보스토크 신한촌에서 열린 조선노력군중대회에 참가하여 연설한 후 블라디보스토크 국제혁명자후원회 시간부 조직지도원으로 임명.
1927	1927~1929년까지 블라디보스토크 국제혁명자후원회 시간부로 활동.
1928	연해주 원동 변강 국제혁명자후원회에서 지도위원으로 활

	동함. 코민테른 제6차 대회에 내빈 자격으로 참가. 코민 테른 조선문제위원회의 호출에 김규열·김단야 등과 함께 응함.
1928. 12	자파세력에게 코민테른의 견해를 설명하고 파벌을 초월하 여 조선공산당을 조직할 것을 결의. 조선공산당 재건방도 협의.
1929	조선공산당재건준비위원회에서 코민테른과 연락사무를 담 당하는 총지휘자로 선정.
1930	1930~1935년까지 변강 국제혁명자후원회에서 활동.
1932. 10. 12	원동 변강 국제혁명자후원회에서 훈장을 표창받음.
1935. 1. 31	블라디보스토크 신한촌 자택에서 63세를 일기로 사망.

자료

국문

- 『機密書類綴』, 政府記錄保存所 소장, 문서번호 警務 88-1, 필름번호 88-598, 1906~1907년에 실린 「이동휘문서」 復命書(1907. 8. 23 작성)·聽取書(1907. 8. 14 작성)·保證書(1907. 12. 2 작성), 遺疏·斬賣國公賊聲罪文·遺告二千萬同胞兄弟書·遺告縉紳疏廳書·遺告法官書·遺告各公館使節書·遺告林公使書·遺告長谷川大將書.
- 金奎冕, 「誠齋 略傳에 관한 回想記」, 『문화일보』 1995년 8월 16·17·18·21·22일자.
- 金丹冶, 「레닌會見 印象記 그의 逝去 一週年에(1)~(11)」, 『조선일보』 1925년 1월 22일~2월 2일.
- 석암 리영일, 「리동휘 성재 선생」 필사본 영인, 『한국학연구』 5 별집, 仁荷大 韓國學研究所, 1993. 7.
- 알렉산드라 페트로브나 김의 전기 1·2부, 『시사저널』 1993년 12월 16·23일자.
- 연해주 한인 빨치산 명세, 『시사저널』 1993년 12월 30일자.
- 尹炳奭, 「리동휘 성재선생 해제」, 『한국학연구』 5 별집, 仁荷大 韓國學研究所, 1993. 7.

• 李克魯, 「放浪 20年 受難半生記」, 『間島流浪 40年』, 조선일보사, 1989.
• 李起夏, 『韓國共産主義人物系譜圖:解放前 政黨·社會團體 研究參考資料』, 1980.
• 李東輝, 「東亞日報를 通하여 사랑하는 內地 同胞에게(1)~(5)」, 『東亞日報』 1925년 1월 18~22일.
• 이동휘가 안창호에게 보낸 서신 3통, 獨立紀念館 韓國獨立運動史研究所, 『島山安昌浩 資料集(2)』 韓國獨立運動史資料叢書 第 5輯 , 1991.
• 이동휘의 손녀 李 류드밀라 다위브나와의 면담, 1995년 8월 17·18일(타워호텔 345호실, 커피숍).
• 李東輝·李 發·李義橓·李仁橓·鄭昌斌 공적사항, 國家報勳處, 1995.
• 이영일, 「上海臨政 국무총리 李東輝 傳記」, 『東亞日報』 1991년 6월 9·13·17·19·24·26일자.
• 洪英基, 「이동휘의 구국운동(1904~1907)에 관한 새로운 자료」, 『한국근현대사연구』 제1집, 한울, 1994.

일문

• 『寺內朝鮮總督謀殺未遂被告事件』 1912(百五人事件資料集 第1卷), 高麗書林 影印本, 1986.
• 國友尙謙, 『不逞事件ニ依ツテ觀タル朝鮮人』 1912(百五人事件資料集 第2卷), 高麗書林 影印本, 1986.
• 山縣五十雄, 『朝鮮陰謀事件』 1912(百五人事件資料集 第3卷), 高麗書林 影印本, 1986.
• 有馬義隆, 『朝鮮總督暗殺陰謀事件』 1913(百五人事件資料集 第4卷), 高麗書林 影印本, 1986.
• 慶尙北道警察部, 『高等警察要史』, 1934.
• 慶尙南道警察部, 『高等警察關係摘錄』, 1936.
• 青柳鋼太郎, 『朝鮮獨立騷擾史論』, 朝鮮研究會, 1921.

- 金正明 編,『朝鮮獨立運動』1~6, 原書房, 1967.
- 姜德相・梶村秀樹 編,『現代史資料』25~30, みすす書房, 1967~1972.
- 金正柱 編,『朝鮮統治史料』1~10, 韓國史料研究所, 1970~1971.
- 朝鮮總督府 法務局,『朝鮮獨立運動思想 の變遷』, 1931.
- 朝鮮總督府 高等法院 檢事局 思想部,『思想彙報』제1호~25호, 1934~1940.
- 村田陽一 編譯,『コミンテルン資料集』1~6, 大月書店, 1978~1983.

단행본

국문

- 고준석 지음, 김영철 옮김,『조선공산당과 코민테른』, 도서출판 공동체, 1989.
- 金承化 著, 鄭泰秀 編譯,『소련 韓族史』, 大韓敎科書株式會社, 1989.
- 金俊燁・金昌順,『韓國共産主義運動史』第一卷, 高麗大 亞細亞問題研究所, 1967.
- 마뜨베이 찌모피예비치 김 지음, 이준형 옮김,『일제하 극동시베리아의 한인 사회주의자들』, 역사비평사, 1990.
- 서대숙 엮음, 이서구 옮김,『소비에트 한인 백년사』, 도서출판 태암, 1989.
- 서대숙 저, 현대사연구회 역,『한국공산주의운동사연구』, 화다출판사, 1985.
- 스칼라피노・李庭植,『韓國共産主義運動의 起源』, 韓國研究圖書館, 1961.
- 스칼라피노・이정식 공저, 한홍구 옮김,『한국공산주의운동사1』, 돌베개, 1986.
- 李起夏,『韓國共産主義運動史』1, 國土統一院, 1976.
- 李命英,『在滿韓人共産主義運動研究』, 成均館大 出版部, 1975.
- 이정식,『한국민족주의운동사』, 미래사, 1982.
- 이정식 지음, 김성환 옮김,『조선노동당약사』, 이론과 실천, 1986.
- 이정식 지음, 허원 옮김,『만주혁명운동과 통일전선』, 사계절, 1989.

일문

• 姜在彦, 『朝鮮近代史研究』, 日本評論社, 1970.

• 朴慶植, 『日本帝國主義の 朝鮮支配』 上·下, 靑木書店, 1973.

• 山邊健太郎, 『日本の韓國併合』, 太平出版社, 1966.

• 黑龍會, 『日韓合邦秘史』 上·下, 原書房, 1966.

• 渡部學, 『朝鮮近代史』, 勁草書房, 1968.

• 田保橋潔, 『近代日鮮關係の研究』 上·下, 朝鮮總督府中樞院, 1940.

• 森山茂德, 『近代日韓關係史硏究』, 東京大學出版會, 1987.

• 坪江汕二, 『朝鮮民族獨立運動秘史』, 巖南堂書店, 1966.

• 姜德相, 『朝鮮獨立運動の群像』, 靑木書店, 1984.

• 佐佐木春隆, 『韓國獨立運動の 研究』, 國書刊行會, 1985.

• 尹健次, 『朝鮮近代教育の 思想と 運動』, 東京大學出版會, 1982.

• 金森襄作, 『1920年代 朝鮮の社會主義運動史』, 未來社, 1985.

논문

국문

• 權熙英, 「코민테른의 민족·식민지논쟁과 한국의 민족해방운동」, 『역사비평』, 1988년 가을호.

• 金度亨, 『大韓帝國末期의 國權恢復運動과 그 思想』, 연세대 박사학위논문, 1988.

• 金 邦, 「李東輝의 愛國啓蒙運動에 관한 一考察」, 建國大 碩士學位論文, 1986.

• 金 邦, 「誠齋 李東輝」, 『한국일보』, 1989년 3월 17일자.

• 金 邦, 「李東輝 研究」, 『國史館論叢』 第18輯, 國史編纂委員會, 1990.

• 金 邦, 「李東輝의 國權恢復運動(1905~1910)에 관한 一考察」, 『水邨 朴永錫 敎授華甲紀念 韓民族獨立運動史論叢』, 探求堂, 1992.

• 金 邦, 「李東輝의 國外에서의 抗日鬪爭(1911~1916)에 관한 一考察」, 『建大

史學』제8집, 1993.

- 김창석, 「조선 공산주의운동의 선구자, 이동휘」, 『역사의 진실』, 도서출판 녹두, 1990.
- 朴贊勝, 『日帝下 實力養成運動論 研究』, 서울대 박사학위논문, 1990.
- 潘炳律, 「大韓國民議會의 성립과 조직」, 『韓國學報』 46, 一志社, 1987.
- 尹慶老, 『「105人事件」을 통해 본 新民會 研究』, 高麗大 博士學位論文, 1988.
- 이균영, 「김철수연구 : 초기 공산주의운동사는 다시 써야 한다」, 『역사비평』, 1988년 겨울호.
- 李松姬, 「韓末 西友學會의 愛國啓蒙運動과 思想」, 『韓國學報』 26, 一志社, 1982년 봄.
- 李泰俊, 「성재 이동휘 선생」, 『間島史新論』 상, 우리들의편지社, 1993.
- 林京錫, 『高麗共産黨研究』, 成均館大 博士學位論文, 1993.
- 崔翠秀, 「1910년 前後 江華地域 義兵運動의 性格」, 『한국민족운동사연구』 2, 知識産業社, 1988.

일문

- 高峻石, 「日本の侵略と民族解放鬪爭」, 『朝鮮革命運動史』, 1, 社會評論社, 1983.

찾아보기

대한민국임시정부의 초대 국무총리 이동휘

1판 1쇄 인쇄 2013년 12월 20일
1판 1쇄 발행 2013년 12월 26일

글쓴이   김 방
기 획   독립기념관 한국독립운동사연구소
펴낸이   윤주경
펴낸곳   역사공간
          주소: 서울시 마포구 동교로 142-11(서교동, 플러스빌딩 3층)
          전화: 02-725-8806~7, 팩스: 02-725-8801
          E-mail: jhs8807@hanmail.net
          등록: 2003년 7월 22일 제6-510호

ISBN 979-11-5707-038-1 03900

역사공간이 펴내는 '한국의 독립운동가들'

독립기념관은 독립운동사 대중화를 위해 향후 10년간 100명의 독립운동가를 선정하여,
그들의 삶과 자취를 조명하는 열전을 기획하고 있다.